For Daddy who
first introduced us
to the great impressionists.
on our many trips to France.
No one has made as
great an impression as you
on our lives.
We love you so.
Happy 90th.
Kathi & Joanie '93

Chefs-d'œuvre
de l'impressionnisme

Chefs-d'œuvre de l'impressionnisme

LAURENCE MADELINE

© 1990 Scorpio

Publié par Le Grand Livre du Mois
15, rue des Sablons, 75116 Paris

Conception et réalisation : Scorpio
14 bis, rue Berbier du Mets, 75013 Paris

Maquette : Jérôme Faucheux

Recherche iconographique : Catherine Berthoud
Collaboration éditoriale : Anne Séfrioui

Sommaire

Introduction

Chronologie

Tableaux choisis

Biographies

Introduction

Né de la réunion, à la fois forte et lâche, de peintres qui furent autant de génies, l'impressionnisme, contrairement à d'autres mouvements picturaux, n'a pas été la simple affaire d'un artiste exceptionnel suivi par des disciples plus ou moins doués : c'est là que réside sa grandeur, son immense intérêt. Que de bouleversements, que d'innovations a-t-il apportés ! Quelle époque étonnante, qui vit l'éclosion et la rencontre de tant de talents ! Regardés superficiellement, les tableaux impressionnistes semblent présenter la même palette de couleurs vives et claires, le même coup de pinceau rapide et léger. Rompant nettement avec ce qui les précède, leur art paraît en effet offrir une unité. Mais peu à peu, au fur et à mesure que s'instaure une familiarité avec ces peintres, les particularités de leur touche, de leurs couleurs, de leurs thèmes se révèlent. Il en va de même de leur vie et de leur destin. Car chacun d'eux venait d'un univers différent, chacun a vécu de manière spécifique son aventure artistique.

Édouard MANET, *Intérieur d'un café (Café Guerbois)*, 1869, plume, 29,5 × 39,4 cm, Harvard University, Fogg Art Museum

Fortunés et désargentés

Manet, Degas, Sisley, Bazille, Berthe Morisot, enfants de bourgeois fortunés, avaient peu de préoccupations financières dans l'attente du succès. Tous recevaient des pensions qui leur permettaient de vivre plus ou moins confortablement mais sans l'angoisse du lendemain. Cézanne, en revanche, souffrit d'un certain manque d'argent parce qu'il n'osa jamais avouer à son père qu'il vivait avec une femme et en avait un fils. Le père de Sisley, lui, perdit sa fortune en 1870, laissant brutalement son fils dans une situation financière très précaire dont il ne put jamais sortir. Il entra donc dans le camp des désargentés qui comptait déjà Monet, Renoir et Pissarro. Le cas de Monet est un peu à part. Son père et sa tante pouvaient l'aider dans sa vocation, mais jamais il ne supporta les conditions qu'on lui imposait en échange du soutien financier. Très dépensier, il se mettait souvent dans d'inextricables difficultés pécuniaires qui l'obligeaient à demander de l'argent à ses amis et à ses amateurs dans des lettres déchirantes : « De plus en plus dur. Depuis avant hier, plus un sou et plus de crédit, ni chez le boucher, ni chez le boulanger. Quoique j'aie foi dans l'avenir, vous voyez que le présent est bien pénible... Ne pourriez-vous point

Le café de la Nouvelle-Athènes à Montmartre, 1906, photographie

L'Académie Julian à Paris en 1910, photographie

L'atelier Nadar, 35, boulevard des Capucines, où se déroula en 1874 la première exposition des impressionnistes, photographie

Catalogue de la première exposition des impressionnistes à Paris, 15 avril-15 mai 1874, photographie

m'envoyer par retour du courrier un billet de vingt francs ? Cela me rendrait service pour le quart d'heure », écrivait-il à Manet en 1875. Renoir et Pissarro, d'origine très modeste, supportèrent plus stoïquement leur misère. Renoir trouvait toujours un décor à exécuter pour quelque boutiquier, puis, quand les temps furent meilleurs, des portraits. Pissarro vivait selon les règles de la plus stricte économie, cultivant avec son épouse le jardin qui les nourrissait en partie. Tous, y compris Gauguin qui vécut à leur paroxysme les difficultés des artistes, assumèrent le manque d'argent et de succès avec obstination et confiance dans leur talent.

Tous contre l'Académie

Quels liens purent se nouer entre des personnes aussi différentes que Degas, l'aristocrate célibataire et fortuné, et Pissarro l'anarchiste chef d'une grande famille, ou encore entre Manet, si élégant et délicat, et Cézanne qui lui lançait : « Je ne vous donne pas la main, Monsieur Manet ; je ne me suis pas lavé depuis huit jours » ? Tous se rassemblèrent contre l'Académie. Tous la rejetaient avec sa doctrine aux formules éculées venue d'une mauvaise compréhension de l'art de David et d'Ingres. Que prônait l'Institut, cet organisme séculaire qui régentait l'enseignement artistique avec l'École des beaux-arts qu'avaient fui les impressionnistes, ainsi que l'organisation du Salon, seul lieu où les artistes pouvaient se faire connaître ? Il se faisait le défenseur de la hiérarchie des genres, selon laquelle un tableau d'histoire — mythologique ou religieuse — valait mieux qu'une scène de genre ou un portrait, et bien davantage qu'un paysage ou une nature morte. Il affirmait encore la supériorité du dessin sur la couleur, se référait à d'autres règles concernant le bon goût et la décence, qui eurent pour résultat l'acclamation de la *Vénus* de Cabanel et les railleries sur l'*Olympia* de Manet.

Les portes du Salon étaient gardées par le jury, cerbère à plusieurs têtes qui, face à la montée du réalisme et de la peinture de plein air, devenait de plus en plus intransigeant, renvoyant à leurs auteurs toutes les toiles de sujet trop moderne ou de facture trop libre. Devant l'impossibilité de se faire accepter par un milieu aussi hostile, Monet, Renoir, Degas, Pissarro, Cézanne et Sisley décidèrent d'organiser eux-mêmes leur exposition.

Premier acte d'indépendance

En 1874, ils présentèrent leurs œuvres sur les murs des anciens locaux du photographe Nadar, boulevard des Capucines. Outre la nouveauté des peintures réunies là, l'exposition offrait de grandes innovations. Elle était le fruit d'une Société anonyme coopérative d'artistes-peintres, sculpteurs etc. Ses membres pouvaient exposer en groupe, librement, sans jury ni récompenses honorifiques. La première exposition rassemblait le « noyau dur » de ceux que Louis Leroy, critique au *Charivari*, baptisa à cette occasion, et par dérision, les « impressionnistes » : Monet, qui fût l'instigateur de cet acte d'indépendance, Renoir le président de la Société, Degas, Cézanne, Berthe Morisot, Pissarro, Sisley, Boudin. Autour d'eux se trouvaient d'autres artistes qui n'avaient jamais eu autant de problèmes avec le Salon. Ils furent néanmoins les bienvenus parce qu'ils évitaient l'assimilation de cette exposition avec le Salon des Refusés de 1863 que tout le monde gardait en mémoire. Il y avait deux absents de marque, boulevard des Capucines : Bazille, qui avait formulé dès 1867 le projet de cette manifestation mais qui était mort pendant la guerre de 1870, et Manet, qui cherchait une reconnaissance officielle que seul un succès au Salon pouvait lui apporter.

CHAM, *Le Peintre Impressionniste*, caricature parue dans *Le Charivari*, 1877

Un public indigné

L'initiative des impressionnistes fut très mal accueillie. Ainsi que le rapporta un critique quelques années après l'événement : « La conscience du public était indignée. C'était horrible, stupide, sale ; cette peinture n'avait aucun sens. » Zola, dans son roman l'*Œuvre*, décrivit l'ambiance qui régnait dans l'exposition : « C'était l'hilarité contagieuse d'une foule venue pour s'amuser (...) continuellement des mots d'esprit circulant de bouche en bouche (...) exprimant la somme d'âneries, de réflexions saugrenues, de ricanements stupides et mauvais que la vue d'une œuvre originale peut tirer de l'imbécillité bourgeoise. » On s'est beaucoup interrogé sur un rejet aussi complet, aussi violent, de l'art impressionniste. Cette bourgeoisie dénoncée par Zola ne pouvait, du jour au lendemain, goûter une peinture radicalement nouvelle qui poussait librement hors des champs institutionnels. La révolution des impressionnistes est avant tout une révolution technique. Si le choix de leurs sujets restait acceptable, leur manière de peindre ne cessait de choquer. D'ailleurs, le mot « impressionnisme » exprime la stupeur et l'incompréhension devant des tableaux qui paraissaient à peine esquissés. On ne comprenait pas pourquoi ces peintres, Monet, Renoir, Degas et les autres, exposaient — fut-ce sous le titre d'impression — des œuvres qui, selon les critères traditionnels, n'étaient qu'ébauchées.

Les bains de la Grenouillère dans l'île de Croissy, gravure du XIXᵉ siècle, Paris, B. N.

Le plein air contre l'atelier

La première innovation des impressionnistes fut de peindre en plein air et de chercher à reproduire cette couleur si complexe à saisir. Cette manière de peindre, déjà pressentie par Delacroix et que le chimiste Chevreul avait étudiée scientifiquement, fut élaborée par Monet et Renoir alors qu'ils travaillaient ensemble, pendant l'été 1869, près de Bougival, aux bains de la Grenouillère. Tous deux cherchèrent à comprendre et à restituer l'influence de la lumière sur les différents éléments du paysage. Tout ce qui fait l'originalité de l'impressionnisme se trouve concentré dans les tableaux qu'ils exécutèrent côte à côte : utilisation d'une palette claire limitée aux trois couleurs primaires et aux trois complémentaires, division de la touche, ombres colorées, étude de l'eau et des reflets, étude des figures en plein air. La Grenouillère, où s'ébattaient des citadins renouant avec les plaisirs de la nature, offrait aux deux artistes l'occasion de définir les deux pôles d'attraction de l'impressionnisme : le paysage et la figure humaine.

Paul Cézanne allant au motif, tirage albuminé à partir d'un négatif verre au collodion

De nouveaux paysages

Auguste RENOIR, *Claude Monet peignant dans son jardin à Argenteuil*, 1873, huile sur toile, 50 × 61 cm, Hartford, Wadsworth Atheneum

Paul CÉZANNE, *Pissarro partant peindre sur le motif*, crayon, Paris, musée du Louvre, cabinet des Dessins

Paul Cézanne peignant à Aix-en-Provence, janvier 1904, photographie prise par Maurice Denis

Les impressionnistes, à l'exception de Degas qui souffrait des yeux et ne pouvait supporter la luminosité du plein air, furent tous d'excellents paysagistes. Ils étaient les héritiers des peintres de l'École de Barbizon, Corot, Rousseau, Troyon, Diaz, Daubigny, et des peintres de la côte normande, Boudin et Jongkind qui avaient, avant eux, planté leur chevalet dans la nature. Monet, Renoir, Bazille, Sisley, Pissarro et Berthe Morisot demandèrent des conseils à leurs aînés de la forêt de Fontainebleau. Monet eut Boudin comme premier guide qui lui enseigna la transparence de l'air et l'invita à peindre sur le motif, face au ciel et à la mer. Néanmoins, les impressionnistes réinventèrent totalement l'art du paysage.

Leur regard sur la nature était complètement débarrassé de tout sentiment romantique. Ne cherchant nullement à se confronter à la nature sauvage et fière comme les paysagistes de la génération précédente, ils se plurent dans les paysages domestiqués par l'homme : les champs cultivés (on se moqua beaucoup des champs de choux de Pissarro), les vergers, les jardins. Certains d'entre eux, Monet et Caillebotte par exemple, pratiquaient avec un immense plaisir l'art du jardinage. Dans leurs paysages apparaît ce qu'on ne trouvait pas dans ceux de l'École de Barbizon : un train qui passe en crachant une épaisse fumée, une petite usine, la baraque d'un jardinier etc.

Les villages de la proche banlieue parisienne les attiraient particulièrement avec leurs ponts, leurs guinguettes, leurs régates, leurs poteaux télégraphiques. Ils saluaient les progrès de la civilisation tel que le chemin de fer, et les trouvaient dignes de figurer dans leurs compositions. Mieux encore, ils inventèrent le paysage citadin : des tableaux peints dans les villes avec des gares, des boulevards, des cafés, des platanes surgissant des pavés, des drapeaux, des enseignes, etc. Les impressionnistes sont bien les enfants du positivisme : ils accueillent toutes les innovations sans aucune arrière-pensée.

Mais, alors que la nature perd dans leurs œuvres son intemporalité à cause des traces de la présence humaine, elle devient aussi plus fugace et plus impalpable. Les impressionnistes semblent en quête de ce qu'il y a de plus instable dans la nature : l'air, la lumière, l'eau, la brume. L'eau prend par exemple une importance de plus en plus grande dans l'œuvre de Monet, au point de devenir à la fin de sa vie la préoccupation centrale de ses travaux. Les paysages impressionnistes paraissent se fondre dans un poudroiement coloré et vibrant qui répond aux orientations de la science contemporaine.

A l'heure de la découverte des atomes, des électrons et de la décomposition de la matière, tout ce qu'il y avait de solide dans la nature devenait, aux yeux des impressionnistes, perméable à l'atmosphère environnante. Les feuilles des arbres ont dans leurs tableaux la même présence que les troncs. La figure humaine — qui sera scientifiquement décomposée par les travaux de Röntgen sur les rayons x — est soumise à leurs expériences sur la lumière et la division de la couleur.

La figure humaine : à la recherche du vrai

La figure humaine occupe une place très ambiguë dans l'œuvre des impressionnistes. Ils la traitent parfois comme n'importe quel motif de leur tableau. Vue de loin, par exemple, elle est peinte très sommairement, et seule son allure générale retient l'attention de l'artiste. On en viendrait à croire que la présence d'un personnage n'est due qu'à la curiosité du peintre qui veut exercer ses théories picturales sur de nouvelles « matières ». Pourtant, à l'exception de Sisley, tous surent rendre d'une manière ou d'une autre à cette figure humaine l'hommage qu'elle mérite. Plusieurs d'entre eux, Monet, Renoir, Cézanne, épousèrent d'ailleurs leur modèle favori, prouvant ainsi que ces femmes n'étaient pas seulement des corps captant plus ou moins bien la lumière, gardant plus ou moins bien la pose.

Gabrielle dans l'atelier d'Auguste Renoir à Cagnes vers 1910-1912

Si la représentation humaine bénéficie d'un statut un peu particulier dans l'œuvre des impressionnistes, c'est qu'ils l'ont débarrassée de son prétexte divin ou héroïque. Leurs femmes ne sont plus des déesses mais des mortelles qui cueillent des fleurs, ou des visiteuses de musée, leurs hommes des danseurs ou des ouvriers. Les impressionnistes ont pris le plus souvent pour modèles des amis qui acceptaient de poser : tout d'abord par souci d'économie. Ensuite parce que les modèles professionnels n'avaient pas le physique correspondant aux sujets modernes, et qu'avec eux les peintres ne pouvaient exprimer la spontanéité, la complicité voulues. Désormais les modèles n'incarnent plus la beauté idéale recherchée jusqu'alors, mais représentent les contemporains de l'artiste, ceux avec qui il partage son travail ou ses loisirs. C'est sans doute pourquoi les tableaux impressionnistes nous apparaissent si proches.

Auguste RENOIR, *Trois Baigneuses*, 1883-1885, mine de plomb, 108 × 62 cm, Paris, musée du Louvre, cabinet des Dessins

Défense de la modernité

Cette volonté de représenter des amis ou des personnages qui jouent leur propre rôle replacent les impressionnistes dans deux des grands mouvements esthétiques du XIXe siècle : le réalisme et le modernisme. Peintres réalistes, ils le sont notamment dans leurs paysages où, plus que tous les autres, ils se montrent fidèles à la nature. Modernes, ils le sont tout autant. Ils se font en effet les interprètes de la vie et des préoccupations de leurs contemporains, réinventant la peinture d'histoire. Pour l'Académie, la peinture d'histoire permettait de partager et de juger les passions humaines. Les impressionnistes décrètent que vendre un chou au marché, jouer avec un bébé, boire un verre d'absinthe, révèle tout autant l'âme humaine qu'assiéger la ville de Troie ou avaler la ciguë. Leurs œuvres sont donc des instantanés, témoins d'un monde révolu, et, pour les plus réussis, le discours éternel sur la condition humaine. Cette notion de modernité, très importante pour l'impressionnisme, permet de comprendre pourquoi Manet et Degas, malgré leur technique très différente, ont pu être intégrés dans ce mouvement. Le point commun entre Manet et Degas d'une part, Renoir et Pissarro d'autre part, réside dans ce désir de reproduire ce qu'il y a de poétique et d'éternel dans la vie quotidienne.

Émile Zola, photographie prise par Nadar et portant la dédicace : « La vérité est en marche, et rien ne l'arrêtera. »

La différence entre les impressionnistes et les autres peintres qui puisèrent leurs sujets dans le monde environnant, c'est qu'ils surent renouveler leur langage pictural et le mettre au service de leurs nouveaux sujets.

Critiques et marchands

Paul Durand-Ruel dans sa galerie, photographié par Dornac vers 1910

Dans l'élaboration de ce langage moderne les critiques ont joué un rôle primordial. Sous leurs plumes se formulaient les idées des peintres. Baudelaire, Zola, Duranty et Huysmans comptent parmi les écrivains qui défendirent âprement les impressionnistes au nom de la modernité qu'ils revendiquaient également dans leurs poèmes et leurs romans. Ceux-ci n'étaient donc pas isolés dans leur lutte contre l'ordre esthétique établi, puisque journalistes et critiques d'avant-garde les soutenaient dans les journaux. Leurs articles reflètent souvent les discussions des peintres au Café Guerbois ou à la Nouvelle-Athènes. Tous sentaient que, malgré l'hostilité générale, l'heure de leur triomphe approchait. Tous étaient convaincus qu'ils avaient fait avancer l'art à pas de géant. Leur marchand, Paul Durand-Ruel, qui fut longtemps l'acheteur exclusif des impressionnistes, savait lui aussi qu'il pourrait bientôt vendre, et de mieux en mieux, les œuvres de ces artistes qu'il admirait. Ambroise Vollard sera son digne successeur.

La fin d'une histoire

Ambroise Vollard, marchand de tableaux, éditeur et écrivain (1868-1939), photographie

Si, au cours de leurs huit expositions indépendantes qui eurent lieu en 1874, 1876, 1877, 1879, 1880, 1881, 1882, 1886, les impressionnistes ne rencontrèrent jamais un franc succès, ils gravirent cependant doucement les échelons de la célébrité. L'intérêt succéda à l'indifférence et au rejet. En 1886, Renoir, Degas, Monet étaient considérés par les artistes et les amateurs les plus éclairés comme les premiers peintres de l'école française contemporaine. Ils vendaient leurs œuvres et vivaient enfin de leur art. Pissarro attendait encore son heure qui allait bientôt sonner. Sisley attendait la sienne qui ne sonna malheureusement qu'après sa mort. Berthe Morisot conservait une certaine réserve vis-à-vis du monde artistique. Manet était mort en 1883, maugréant contre l'Académie et le public qui n'avaient reconnu son talent que bien tard. Il mourut en maudissant Cabanel son vieil ennemi. Cabanel, lui, commençait à comprendre que son nom dans le grand livre de l'histoire de l'art, serait bien pâle à côté de celui de Manet. Cézanne avait depuis longtemps quitté le monde parisien. Lassé des sarcasmes que ses œuvres ne cessaient de susciter, il s'était retiré à Aix où, loin de tous, il faisait progresser tranquillement son art. Les critiques l'oubliaient mais ses anciens camarades de l'Académie Suisse, du Café Guerbois et de la Nouvelle-Athènes se souvenaient qu'il était certainement le plus fort d'entre eux.

De 1874 à 1886, le groupe des « Révoltés » comme on l'avait appelé, avait bien changé : Renoir et Monet délaissaient souvent leurs camarades pour se présenter au Salon. Degas, après avoir maintes fois essayé d'effacer le nom d'impressionnisme au profit de celui de réalisme, s'isolait de plus en plus. Chacun des membres du groupe avait subi des crises d'inspiration qui démontraient les limites de l'art qu'ils avaient inventé et témoignaient aussi de leur capacité de renouvellement. Pour Monet, la technique impressionniste devait être améliorée afin de suivre aussi rapidement qu'il le souhaitait les métamorphoses des objets sous la lumière. Renoir opérait un retour vers le dessin qui lui permettait de mieux cerner les contours de ses formes. Pour Cézanne et Pissarro, la technique impressionniste n'était pas assez solide. Elle conduisait à la dissolution des formes à laquelle Monet voulait aboutir et qu'ils redoutaient.

Vers l'art moderne

D'autres peintres étaient venus s'associer au noyau originel. Gauguin, dont les œuvres et le caractère étaient loin de faire l'unanimité, et qui portait en germe un art nouveau; Seurat et Signac, les pointillistes, qui présentèrent leurs étranges tableaux à la dernière exposition du groupe.

L'impressionnisme avait vécu. Ses membres, après s'être soutenus, disputés, réconciliés, suivaient des voies différentes tout en conservant intactes l'estime et l'admiration qu'ils se portaient mutuellement. Mais, malgré l'éparpillement du cénacle, des douze années héroïques de leur combat de 1874 à 1886, restaient de nombreux chefs-d'œuvre et des émules. Les mouvements d'avant-garde qui suivirent l'impressionnisme bénéficièrent de leurs conquêtes : l'indépendance complète vis-à-vis des institutions, le soutien des critiques qui expliquaient leur démarche créatrice, et celui des marchands soucieux de les faire connaître, de respecter leur talent et leur inspiration.

Paul GAUGUIN et Camille PISSARRO, *Autoportraits respectifs*, vers 1880, fusain et crayons de couleur, 35,8 × 49,5 cm, Paris, musée du Louvre, cabinet des Dessins

VIE DES IMPRESSIONNISTES

1863
Scandale du *Déjeuner sur l'herbe* de Manet au Salon des Refusés. Cézanne et Pissarro y exposent également leurs œuvres
Monet, Bazille, Renoir et Sisley travaillent à l'atelier de Gleyre et vont à Fontainebleau pendant les vacances
Cézanne entre à l'Académie Suisse

1864
Fermeture de l'atelier de Gleyre. Premiers contacts avec les peintres de Barbizon
Monet retrouve Boudin en Normandie et rencontre Jongkind

1865
Scandale de l'*Olympia* de Manet au Salon

1866
Morisot, Sisley et Pissarro sont admis au Salon
Monet peint son *Déjeuner sur l'herbe*

1867
Pissarro, Renoir, Sisley et Bazille signent une pétition pour un nouveau Salon des Refusés

1868
Réunions au Café Guerbois. Berthe Morisot pose pour Manet

1869
Monet et Renoir à Bougival : élaboration des théories impressionnistes

1870
Salon : Cézanne et Monet sont refusés. Degas, Renoir, Manet et Sisley sont admis
La guerre disperse le groupe : Degas et Manet défendent Paris pendant le siège. Renoir et Bazille s'engagent : Bazille est tué. Cézanne s'est réfugié à l'Estaque. Monet et Pissarro sont à Londres

1871
Premiers achats de Durand-Ruel à Monet et Pissarro

1872
Renoir est refusé au Salon. Les autres n'ont rien envoyé
Monet peint *Impression. Soleil levant*
Cézanne et Pissarro à Pontoise

1873
Tous les impressionnistes sont refusés au Salon à l'exception de Berthe Morisot et de Manet qui connaît un vif succès avec *Le Bon Bock*
Monet est à Argenteuil, il peint dans son bateau-atelier
Degas est à la Nouvelle-Orléans, Cézanne à Auvers

1874
Première exposition impressionniste chez Nadar. Monet, Renoir et Manet à Argenteuil. Rencontre de Caillebotte
Berthe Morisot épouse Eugène Manet

1875
Première vente impressionniste à Drouot : les résultats sont catastrophiques

VIE ARTISTIQUE ET LITTÉRAIRE

1863
Plus de 4 000 œuvres sont rejetées par le jury du Salon
Napoléon III ouvre un « Salon des Refusés »
Baudelaire : *Petits Poëmes en prose*
Littré commence son dictionnaire de la langue française

1864
Larousse publie les premiers volumes du *Grand Dictionnaire Universel du XIXe siècle*

1865
J. et E. de Goncourt : *Germinie Lacerteux*

1866
Zola : *Mon Salon* dédié à Cézanne
J. et E. de Goncourt : *Manette Salomon*, roman sur le milieu des peintres
Offenbach : *La Vie parisienne*

1867
Exposition universelle. Courbet et Manet exposent leurs œuvres dans des pavillons indépendants
Karl Marx : *Le Capital*

1868
Exposition maritime internationale au Havre : Boudin, Courbet, Manet et Monet obtiennent des médailles
Wagner : *Les Maîtres Chanteurs*
Lautréamont : *Les Chants de Maldoror*

1869
Scandale de *La Danse*, sculpture de Carpeaux pour l'Opéra
Verlaine : *Fêtes galantes*

1870
Retour d'exil de Victor Hugo

1871
Zola publie le premier volume du cycle des Rougon-Macquart, *La Fortune des Rougon*
Rimbaud : *Le Bateau ivre*
Verdi : *Aïda*
Courbet est président de la Commission artistique pendant la Commune. A la suite du déboulonnage de la colonne Vendôme, il est emprisonné

1872
Bizet : *L'Arlésienne*
Jules Verne : *Le Tour du monde en quatre-vingts jours*

1873
Bizet : *Carmen*
Rimbaud : *Une saison en enfer*

1874
La décoration du Panthéon est confiée à Puvis de Chavannes, Bonnat, Delaunay etc. par Chennevières
Mercié : *Gloria Victis*, triomphe de cette sculpture au Salon
Barbey d'Aurevilly : *Les Diaboliques* ;
Flaubert : *La Tentation de saint Antoine*

1875
Bartholdi : *Lion* de Belfort, *Statue de la Liberté*
Fin de la construction de l'Opéra de Garnier

VIE POLITIQUE, SOCIALE ET SCIENTIFIQUE

1863
Création du Crédit Lyonnais
Inauguration du métro londonien

1864
Napoléon III accorde le droit de grève aux ouvriers
Fondation de la Première Internationale ouvrière à Londres
Fondation de la Croix-Rouge
Création de la Société Générale
Nobel invente la nitroglycérine
Chevreul : *Des couleurs et de leur application aux arts industriels*

1865
Fin de la guerre de Sécession et abolition de l'esclavage aux États-Unis

1866
Guerre austro-prussienne

1867
Loi sur la création des sociétés anonymes

1868
Dissolution de la section française de l'Internationale ouvrière

1869
Inauguration du canal de Suez
Gramme invente la dynamo. Watt présente le premier moteur électrique

1870
19 juillet : début de la guerre franco-prussienne
1er septembre : capitulation de Napoléon III à Sedan
4 septembre : proclamation de la IIIe République
Automne/hiver : siège de Paris

1871
Suite de la guerre
28 janvier : armistice. Thiers, président de la République
10 mai : traité de Francfort. L'Alsace et la Lorraine cédées à l'Allemagne
18 mars/28 mai : Commune de Paris

1872
Baekeland invente la bakélite, première matière plastique

1873
Mac Mahon, président de la République. Il instaure « l'ordre moral »
Mort de Napoléon III
Crise économique mondiale

1874
Réglementation du travail des enfants

1875
Vote de la « Constitution de 75 » par l'Assemblée

VIE DES IMPRESSIONNISTES	VIE ARTISTIQUE ET LITTÉRAIRE	VIE POLITIQUE, SOCIALE ET SCIENTIFIQUE

VIE DES IMPRESSIONNISTES

1876

Manet et Cézanne refusés au Salon
Deuxième exposition impressionniste avec Caillebotte et sans Cézanne.
Duranty écrit *La nouvelle peinture* et prend la défense des impressionnistes

1877

Manet est refusé au Salon. Troisième exposition impressionniste : tous y participent. Rivière publie *L'Impressionniste, journal d'art*
Gauguin rencontre Pissarro

1878

Manet est refusé au Salon. Grave crise morale avec soucis financiers pour Monet, Cézanne et Pissarro. Monet s'installe à Vétheuil
Duret publie *Les Peintres impressionnistes*

1879

Succès de Renoir au Salon. Cézanne et Sisley sont refusés
Quatrième exposition impressionniste sans Cézanne, Renoir et Sisley. Première participation de Gauguin
Exposition particulière de Renoir à *La Vie moderne*

1880

Cinquième exposition impressionniste.
Le groupe se désintègre : Monet, Renoir et Sisley n'y participent pas. Monet est refusé au Salon
Expositions particulières de Manet et de Monet à *La Vie moderne*

1881

Sixième exposition impressionniste sans Renoir, Monet, Sisley et Caillebotte
Renoir voyage en Algérie et en Italie.
Pissarro, Cézanne et Gauguin à Pontoise
Exposition particulière de Sisley à *La Vie moderne*

1882

Cézanne est admis pour la première et la dernière fois au Salon. Manet est très malade
Septième exposition impressionniste sans Degas et Cézanne. Cézanne quitte Paris et va vivre à Aix

1883

Mort de Manet
Expositions particulières de Monet, Renoir, Pissarro et Sisley
Éclatement du groupe : Monet s'installe à Giverny, Sisley à Moret, Pissarro à Osny

1884

Rétrospective de Manet à l'École des Beaux-Arts

1886

Huitième et dernière exposition impressionniste sans Monet, Renoir et Cézanne, mais avec Seurat et Signac
Fénéon publie *Les Impressionnistes en 1886* où il salue l'avènement du néo-impressionnisme
Gauguin part à Pont-Aven
Durand-Ruel organise une exposition impressionniste à New York
Les impressionnistes se regroupent une dernière fois pour exprimer leur désapprobation à Zola qui vient de publier *l'Œuvre*

VIE ARTISTIQUE ET LITTÉRAIRE

1876

Wagner : première représentation de la *Tétralogie* à Bayreuth

1877

Scandale de l'*Age d'airain* de Rodin au Salon. Scandale de *L'Assommoir*, premier succès de Zola
Mort de Courbet
Début de la construction du Sacré-Cœur

1878

Exposition universelle
Triomphe de Bastien-Lepage au Salon avec *Les Foins*, version édulcorée des découvertes impressionnistes

1880

Rodin commence à travailler à la *Porte de l'Enfer* et crée *Le Penseur*
Satie : *Trois Gymnopédies*

1881

Maupassant publie *La Maison Tellier*

1882

Rétrospective de l'œuvre de Courbet à l'École des Beaux-Arts

1883

Seurat commence à peindre *Une baignade à Asnières*
Importante exposition d'estampes japonaises à la galerie Petit
Huysmans publie ses articles sur *L'Art moderne*
Premier gratte-ciel à Chicago

1884

Fondation du Salon des Indépendants à l'initiative de Seurat. Il y expose *Une baignade à Asnières*. Signac, Cross et Pissarro le rejoignent : naissance du néo-impressionnisme
Huysmans publie *A rebours* : le symbolisme s'annonce

1885

Mort de Victor Hugo. Ses funérailles sont nationales et grandioses
Van Gogh peint les *Mangeurs de pommes de terre*, Seurat *Un dimanche à l'île de la Grande-Jatte*

1886

Le douanier Rousseau expose pour la première fois
Van Gogh arrive à Paris
Inauguration de la *Statue de la Liberté* de Bartholdi à New York
Moreas publie le *Manifeste du symbolisme*

VIE POLITIQUE, SOCIALE ET SCIENTIFIQUE

1876

Dissolution de la Première Internationale
Bell invente le téléphone

1877

Victoire des républicains aux élections législatives
Edison et Charles Cros inventent le phonographe

1878

Léon XIII, pape
Muybridge décompose le galop d'un cheval grâce à la photographie

1879

Jules Grévy, président de la République.
Jules Ferry, ministre de l'Instruction publique
Pasteur découvre le principe de la vaccination

1880

Amnistie des condamnés de la Commune. Le 14 juillet devient jour de fête nationale
Siemens installe le premier ascenseur électrique à New York

1881

Lois Jules Ferry sur l'enseignement primaire laïque, obligatoire et gratuit.
Liberté de réunion, liberté de la presse
Éclairage électrique des grands boulevards parisiens

1882

Dépression économique. Krach de l'Union Générale

1883

De Dion-Bouton lance la première voiture à vapeur sur les routes. Desprez découvre comment transporter l'électricité par câble

1884

Loi sur le droit d'association et sur le droit de grève

1885

Premier vaccin anti-rabique de Pasteur

1886

Boulangisme. Vague d'actes anarchistes

« Ah, la vie, la vie ! La sentir et la rendre dans sa réalité, l'aimer pour elle, y voir la seule beauté vraie, éternelle et changeante, ne pas avoir l'idée bête de l'anoblir en la châtrant, comprendre que les prétendues laideurs ne sont que des saillies de caractère et faire vivre et faire des hommes, la seule façon d'être Dieu. »

E. Zola, *L'Œuvre*, 1886.

Eugène BOUDIN
La Plage de Trouville, 1864
Huile sur bois, 26 × 48 cm
Paris, musée d'Orsay

Eugène Boudin
La Plage de Trouville

C'est de loin que Boudin regarde les touristes qui devisent sur la plage de Trouville. Est-ce pour capter le plus de ciel possible ou parce que cette société élégante l'intimide un peu ? Il avait, au cours des années, vu les côtes de sa région natale colonisées par des Parisiens en costume noir et des Parisiennes en crinoline. Depuis 1830 en effet, les bains de mer, les villégiatures sur les plages normandes étaient à la mode. Cette vogue participa au changement très important qui transforma au cours du XIXᵉ siècle l'image de la mer. Elle cessait d'être cette étendue illimitée, pourvoyeuse de richesses, ou cette traîtresse qui entraîne le marin dans ses abîmes, le lance sur des rochers déchiquetés, pour devenir au contraire familière, calme, beaucoup plus amicale, reflétant un sentiment de paix immense comme dans les tableaux de Puvis de Chavannes ou de Cross à la fin du siècle.

Au lieu de déplorer, comme l'aurait fait un artiste romantique de l'École de Barbizon, par exemple, la disparition des espaces vierges qu'affectionne encore Courbet, Boudin accueille les estivants dans ses œuvres comme autant de nouveaux motifs. Entre le ciel et la mer, apparaissent dorénavant dans ses marines de petites figures qui, par les couleurs de leurs vêtements, les conversations animées qui semblent s'élever de leurs groupes, apportent une grâce nouvelle à des œuvres qui rencontrèrent une grande faveur auprès des touristes eux-mêmes.

Jan VAN GOYEN
Vue de Dordrecht
en aval de la Grote Kerke (détail), 1647
Huile sur bois, 64 × 108 cm
Paris, musée du Louvre

❝ *Nager en plein ciel, arriver aux tendresses de nuages, suspendre ces masses, au fond bien lointaines dans la brume grise, faire éclater l'azur.* **❞**

E. Boudin.

Henri-Edmond CROSS
Les Îles d'or, vers 1891-1892
Huile sur toile, 59 × 54 cm
Paris, musée d'Orsay

Pierre PUVIS DE CHAVANNES
Jeunes Filles au bord de la mer, 1879
Huile sur toile, 205 × 154 cm
Paris, musée d'Orsay

La Plage de Trouville de 1864 est, parmi les nombreux tableaux que Boudin consacra à ce sujet, l'un des plus savamment composés. Il évoque les peintures du peintre du XVIIe siècle Van Goyen. L'influence des paysagistes hollandais, d'une manière générale, fut très importante : les peintres de l'École de Barbizon, Jongkind, Courbet, Boudin, avaient étudié leurs œuvres et y puisèrent leur parti pris de réalisme. Comme Van Goyen, Boudin consacre la plus grande part de son tableau au ciel. Comme le Hollandais, il utilise de petits personnages pour créer un lien entre le ciel et la mer, mais son œuvre est, bien sûr, beaucoup plus proche des effets de la lumière et des couleurs naturelles.

Il fut en effet l'un des premiers à peindre directement sur le motif et tout son travail démontre sa volonté de saisir les effets changeants de l'atmosphère. Cette attention portée aux phénomènes atmosphériques fait de Boudin l'un des précurseurs de l'impressionnisme. Il fut d'ailleurs le guide du jeune Monet, originaire comme lui du Havre, qui passa de longues heures à ses côtés, et dont les premières toiles furent des marines.

La technique de Boudin diffère néanmoins fortement de celle des futurs impressionnistes. Elle ressemble à la mer : si lisse parfois qu'elle est aussi brillante et impénétrable qu'un miroir. Ailleurs, comme l'écume qui s'échappe de la vague, une touche verte en relief accroche la lumière et le regard. Ces précieux petits empâtements conviennent particulièrement aux touches de couleur vive et contribuent à rendre l'aspect cotonneux des nuages.

Mais, tandis que Boudin se limite aux petits formats proches de l'esquisse, Monet transforme les intuitions de son maître en tableaux ambitieux où, comme dans *La Terrasse à Sainte-Adresse*, la mer, le ciel, les personnages acquièrent une force que les figures fragiles et fantomatiques de Boudin n'eurent jamais.

Claude MONET
Grosse mer à Étretat, 1868-1869
Huile sur toile, 66 × 131 cm
Paris, musée d'Orsay

Le groupe des estivants, au centre du tableau, forme une sorte de triangle dont la base est matérialisée par les enfants au premier plan, et le sommet par le plus haut des mâts. En utilisant des verticales qui creusent l'espace, le peintre évite que les personnages n'apparaissent en frise. La silhouette à contre-jour, à gauche, attire le regard et constitue un relais entre le groupe et l'horizon.

Frédéric BAZILLE
L'Atelier de Bazille, 1870
Huile sur toile, 98 × 128,5 cm
Paris, musée d'Orsay

Frédéric Bazille
L'Atelier de Bazille

Un hymne à la gloire de la peinture de plein air, voici ce que peint Bazille en représentant le dernier atelier qu'il occupa à Paris, au 9 de la rue de La Condamine. C'est parce qu'ils cherchaient à peindre à la lumière naturelle que Bazille et ses amis Monet, Renoir, Sisley, allèrent dans la forêt de Fontainebleau ou sur la côte normande. Pour célébrer son adhésion au « pleinarisme », Bazille fait de son atelier un lieu où toute trace effective du travail du peintre a été gommée. Nulle part n'apparaît l'attirail habituel : moulages en plâtre, gravures, boîtes de couleurs, tubes, pinceaux, brosses, cartons débordant de dessins, tout a été soigneusement rangé. Les tableaux accrochés au mur sont tous achevés à l'exception de *La Toilette*, pendue derrière le canapé, que Bazille voulait présenter au Salon de 1870. De plus, et c'est ce qui pourrait paraître le plus extraordinaire pour un artiste traditionnel, l'atelier est baigné de lumière. Habituellement, ces pièces sont orientées plein Nord, toute lumière trop éclatante en étant soigneusement bannie. Ici, tout au contraire, la lumière règne.

Dans cet atelier devenu salon de conversation, Bazille a réuni quelques-uns de ses amis qui partagent son enthousiasme pour le plein air. Edmond Maître joue du piano. Au centre de la toile, Monet, la pipe à la bouche, Manet, la canne à la main, et Bazille que l'on reconnaît à sa grande taille et à sa palette, commentent une toile posée sur le chevalet qui représente la *Vue de village* du Salon de 1869. A gauche, Zola, le défenseur des

Frédéric BAZILLE
Vue de village, 1868
Huile sur toile, 130 × 89 cm
Montpellier, musée Fabre

Frédéric BAZILLE
L'Atelier de la rue Furstenberg, 1866
Huile sur toile, 80 × 65 cm
Montpellier, musée Fabre

œuvres des impressionnistes, a gravi quelques marches d'un escalier et discute avec Renoir, assis sur une table en contrebas. Ce dernier partageait alors l'atelier de Bazille. Tous sont habillés en bourgeois, rompant avec la tradition du rapin de la bohème personnifié par Octave Tassaert dans son *Coin d'atelier*. Ils s'affirment ainsi, malgré les dires de leurs détracteurs, comme des artistes fréquentables, des travailleurs sérieux.

Il faut évidemment rapprocher cette œuvre du célèbre et sévère tableau de Fantin-Latour *Un atelier aux Batignolles*, où l'on retrouve les mêmes personnages, chez Manet cette fois. Le rôle didactique de Manet y apparaît davantage, alors que chez Bazille, il se contente de parler métier avec ses amis. C'est lui qui a peint la figure de Bazille pour exprimer sa sympathie. Cependant, un détail souligne l'admiration et la déférence que lui témoignent le maître des lieux et ses camarades : seul Manet a conservé son chapeau sur la tête.

Bazille avait déjà peint ses deux précédents ateliers — ceux de la rue Furstenberg et de la rue Visconti où il hébergeait Monet — mais déserts. Celui-ci, occupé par cinq de ses amis, prouve que le peintre avait su trouver sa voie sans s'isoler : d'autres partageaient ses idéaux artistiques et pouvaient l'aider à épanouir son talent. Par malheur, la guerre de 1870 qui l'emporta en pleine jeunesse en décida autrement.

Octave TASSAERT
Coin d'atelier, 1845
Huile sur toile, 46 × 38 cm
Paris, musée du Louvre

❝ *C'était une des théories que les jeunes peintres du plein air devaient louer des ateliers dont ne voulaient pas les peintres académiques, ceux que le soleil visitait de la flamme vivante de ses rayons.* ❞

·E. Zola, *L'Œuvre*, 1886.

Henri FANTIN-LATOUR
Un atelier aux Batignolles, 1870
Huile sur toile, 204 × 273,5 cm
Paris, musée d'Orsay

Comme l'indiquent les flèches, tout est fait dans ce tableau pour conduire le regard vers le fond de l'atelier où se trouvent Bazille, son tableau « symbole » de la peinture en plein air et la fenêtre. En effet, la grande surface d'un gris dense et lumineux dégagée au premier plan guide immédiatement l'œil vers le fond de la toile. Les objets et les personnages situés le long des murs rythment la progression du regard.

❝ *Je me suis amusé jusqu'ici à peindre l'intérieur de mon atelier avec mes amis. Manet m'y peint moi-même.* **❞**

Lettre de Bazille à ses parents,
janvier 1870.

Claude MONET
La Terrasse à Sainte-Adresse, 1867
Huile sur toile, 98 × 130 cm
New York, Metropolitan Museum of Art

Claude Monet
La Terrasse à Sainte-Adresse

C'est comme peintre de marine que Monet commença sa carrière, avec pour premiers maîtres Boudin et Jongkind. *La Terrasse à Sainte-Adresse*, qui représente sans doute la terrasse de la maison de vacances du père de Monet, met en scène quelques-uns des membres de sa famille : son père, assis dans un fauteuil, et sa tante Marguerite, debout, qui tient une ombrelle. Marguerite Lecadre aidait alors son neveu en lui versant une pension pour qu'il puisse étudier la peinture à Paris. Au fond du tableau on aperçoit le port du Havre où vivait habituellement la famille Monet.

Monet réalise ici une synthèse entre la représentation d'un paysage de mer et celle de figures. Les marines étaient déjà nombreuses dans son œuvre et celle qu'il avait présentée au Salon de 1865, *L'Embouchure de la Seine à Honfleur*, avait connu un joli succès. Cependant, il commençait à s'intéresser aux figures et venait de peindre très récemment ses *Femmes au jardin*. Le jeune homme a désormais dépassé son premier maître, Boudin. Au lieu de peindre comme lui des petits tableaux qui ressemblent à des études, il se lance dans une toile plus ambitieuse où la lumière et l'espace sont exprimés avec une formidable audace, où la couleur est plus vive qu'elle ne sera jamais. Le sujet du tableau, tout à fait moderne, montre des hommes et des femmes en costume contemporain se délassant dans une petite station balnéaire. Monet a aussi représenté Sainte-Adresse côté plage, où les estivants ont laissé la

Claude MONET
Femmes au jardin, 1867
Huile sur toile, 255 × 205 cm
Paris, musée d'Orsay

❝ Monet est jeune encore... et sa peinture est de ce fait jeune et gaie. On peut comparer Monet au printemps. ❞

D. Martelli, 1880.

place aux pêcheurs. Il peindra également, en 1870, *L'Hôtel des Roches-Noires* où resurgit l'aspect mondain des cités balnéaires.

Pour sa *Terrasse*, Monet a choisi la fin de l'après-midi, quand le soleil déclinant inonde obliquement toute la scène. Plutôt que d'insister sur le ciel comme l'aurait fait Boudin, il s'applique au contraire à restituer la terrasse couverte de fleurs.

La composition de ce tableau s'inspire d'estampes japonaises de Hokusaï ou de Hiroshige, avec une division en trois bandes parallèles. L'étroitesse de la partie consacrée au ciel contribue à l'aplanissement de la surface de l'œuvre. La lumière violente écrase les formes plus qu'elle ne les modèle, ce qui accentue cette impression. Les couleurs des fleurs, des drapeaux, de la terrasse, des robes, sont traitées en aplats comme dans les estampes japonaises. Lorsqu'il réalise cette toile, Monet n'est pas encore impressionniste. Il perçoit la nature d'une manière franche et globale sans se préoccuper encore de rendre la vibration de la lumière : c'est après de patientes études qu'il parviendra à en voir les nuances. Toutefois, dans ce tableau qui possède un charme indicible, Monet déploie un sens de la couleur et de la composition qui, par la suite, fera souvent défaut à ses œuvres.

Claude MONET
L'Hôtel des Roches-Noires, 1870
Huile sur toile, 81 × 58,5 cm
Paris, musée d'Orsay

❝ *[Si j'approuve Monet...] de chercher ces points de vue dans le milieu où il vit, je le félicite encore davantage de savoir peindre, de voir juste et franc, d'appartenir à l'école des naturalistes. Ce qui distingue son talent, c'est une facilité incroyable d'exécution, une intelligence souple, une compréhension vive et rapide de n'importe quel sujet.* **❞**

É. Zola, *L'Événement illustré*,
24 mai 1868.

Claude MONET
La Plage à Sainte-Adresse, 1867
Huile sur toile, 75 × 102 cm
Chicago Art Institute

Monet a construit son tableau en s'inspirant de cette gravure de Hokusai qui lui appartenait. La terrasse au premier plan, vue en plongée, crée un effet de profondeur qui conduit vers l'horizon. Les mâts dessinent un tableau dans le tableau, traité lui-même dans sa planéité comme bien des estampes japonaises.

« *Monet ? Selon moi très sérieux, très pur... C'est la poésie par l'harmonie des couleurs vraies. Monet est un adorateur de la nature vraie.* »

Lettre de Picasso à Duret,
1873.

HOKUSAI (1760-1849)
Le Pavillon Sazai du temple des 500 Rakan ou Arhat
Estampe de la suite
Les 36 vues du mont Fuji
23,9 × 34,3 cm
Giverny, musée Claude Monet

Édouard MANET
En bateau, 1874
Huile sur toile, 97,2 × 130,2 cm
New York, Metropolitan Museum of Art

Édouard Manet
En bateau

Jamais Manet ne fut plus impressionniste que durant l'été qu'il passa dans la maison de son cousin à Gennevilliers, petite ville de banlieue voisine d'Argenteuil où Monet avait loué une maison. Durant cet été, il fit l'apprentissage de la technique impressionniste, découvrit le contact réel avec le plein air et de nouveaux sujets exaltant les loisirs et la campagne.

Oubliées les œuvres prenant toujours pour référence l'art des musées, oubliés les tableaux de plein air peints à l'atelier ! *Le Déjeuner sur l'herbe*, présenté au Salon des Refusés de 1863, est un bon exemple de l'art de Manet avant ses relations avec Monet. Bien que cette toile ait été considérée comme le manifeste d'une nouvelle peinture et d'une nouvelle école, elle restait très tributaire du passé. Manet n'a, par exemple, absolument pas cherché à analyser une lumière réelle et s'était inspiré de plusieurs œuvres anciennes dont une peinture de Giorgione et une gravure de Marc Antonio Raimondi d'après Raphaël. Dans *En bateau*, au contraire, Manet suit ses jeunes amis impressionnistes et se jette dans la vie qui bouge et la lumière qui palpite. Ce tableau témoigne de l'apprivoisement de toutes les couleurs et sensations de l'été.

Le sujet est digne d'un tableau impressionniste. On y voit un homme, Rodolphe Leenhoff, le beau-frère de Manet, s'adonner, en compagnie d'une belle jeune femme dont on ignore l'identité, aux plaisirs du canotage. Sa moustache, sa robuste corpulence évoquent irrésistiblement l'un des héros des nouvelles de

Édouard MANET
Le Déjeuner sur l'herbe, 1863
Huile sur toile, 208 × 264 cm
Paris, musée d'Orsay

❝ *[Si Manet avait] appris qu'on peut dessiner les formes qu'on a devant soi au lieu de les colorier, il aurait su que nous avons derrière notre œil qui voit un cerveau qui pense, et qu'il vaut mieux se servir des deux au lieu de ne se rapporter qu'au premier.* **❞**

A. Baignères, 1879,
« Le Salon de 1879 »,
Gazette des Beaux-Arts.

KEISAI EISEN (1790-1848)
La Station de Kisoji, pêche au cormoran sur la rivière Nagara
Estampe en couleur, 21,3 × 34,3 cm
Tokyo, musée National

Claude MONET
La Barque à Giverny, 1887
Huile sur toile, 98 × 131 cm
Paris, musée d'Orsay

Maupassant. En bras de chemise, il profite du soleil, de l'eau, de la brise et de l'exercice physique. La femme, coquette, se laisse conduire. Les couleurs sont vives et claquent au soleil.

La mise en parallèle avec des tableaux impressionnistes doit pourtant s'arrêter là. En effet, Manet ne joue pas complètement le jeu, n'appliquant que très peu la règle de la division de la touche et du mélange optique. Ses touches sont encore larges, et les couleurs ne se juxtaposent pas systématiquement pour de loin, se mélanger et ne former qu'une seule teinte. Seule la robe, au premier plan, reflète ce travail sur la couleur. Ainsi on ne ressent que très peu la vibration de l'air, le papillonnement de la lumière, ce qu'accentue encore la composition.

Le tableau de Manet est en effet beaucoup plus construit et dessiné que les œuvres de Renoir ou de Monet de la même période. Sa composition s'inspire d'estampes japonaises dans lesquelles le motif d'une barque, coupée par les limites du cadre, s'avance sur l'eau. Une telle influence est loin d'être surprenante chez Manet ou n'importe quel impressionniste : l'art japonais connut, en effet, une très grande vogue en France dans la seconde moitié du XIXe siècle. Manet, Monet, Pissarro, Cézanne, Gauguin, Van Gogh, qui collectionnaient les estampes, s'inspirèrent de leurs particularités graphiques pour renouveler leur langage plastique. Cela explique que le motif principal du tableau de Manet, la barque, ainsi qu'une partie du corps de la jeune femme, soit brutalement tronqué par le bord du cadre. Le ciel a aussi disparu de la composition. Cet agencement sera souvent repris par les artistes de la fin du siècle. L'influence des Japonais se fait encore sentir dans le traitement de la couleur. Les estampes de l'Ukiyo-e étaient colorées à l'aide de grands aplats de teintes vives. Ici, l'eau est d'un bleu presque monochrome. L'absence de ciel et la large étendue bleue de l'eau contribuent à rendre

Gustave CAILLEBOTTE
Les Canotiers ou
Canotiers ramant sur l'Yerres, 1877
Huile sur toile, 81 × 116 cm
Paris, collection particulière

cette œuvre particulièrement plane. Il n'y a dans ce tableau aucune ligne de perspective. L'air qui n'y circule pas ne permet pas de moduler les tons de l'eau et de créer l'illusion d'une profondeur.

Dans *En bateau*, comme dans nombre de ses œuvres, Manet s'interroge sur le rendu de la perspective, et il semble en tirer la conclusion qu'elle n'est pas utile à la conception d'un beau tableau, anticipant ainsi les futures recherches de Gauguin et des nabis. Plutôt qu'une orientation définitive dans la voie de l'impressionnisme, plus évidente dans d'autres tableaux de 1874 comme *Argenteuil* ou *La Famille de Monet au jardin*, Manet paraît poursuivre ses propres investigations sur l'aplat et la perspective. Ce n'est pas avec les impressionnistes que Manet exposa *En bateau*, mais au Salon de 1877, prouvant ainsi que son combat et ses œuvres différaient de celles de ses jeunes amis.

❝ *Mon Dieu, qu'est-ce que c'est que ça ?*
— *C'est Manet et Manette.*
— *Mais, que font-ils ?*
— *Ils sont en barque, à ce que je crois.*
— *Mais, ce mur bleu ?*
— *C'est la Seine.*
— *En êtes-vous sûr ?*
— *Dame, on me l'a dit* **❞**

Stop, *Le Journal amusant*, 1879.

Théo VAN RYSSELBERGHE
L'Homme à la barre, 1892
Huile sur toile, 60 × 80 cm
Paris, musée d'Orsay

Tout indique dans ce tableau que Manet a souhaité, sous l'influence des estampes japonaises, diminuer l'effet de profondeur : l'absence d'horizon, l'image coupée brutalement, le cadrage non rectangulaire délimité en haut par la voile et au premier plan par la baume du bateau. Ces éléments concourent à modifier l'angle de vue et accentuent l'effet de plongée. Malgré son apparente maladresse technique, *En bateau* révèle une recherche calculée vers la simplification formelle.

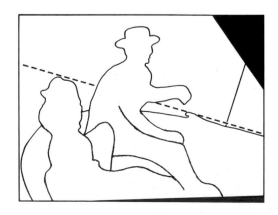

Claude MONET
Régates à Argenteuil, vers 1872
Huile sur toile, 48 × 75 cm
Paris, musée d'Orsay

❝ *L'eau n'a pas cette teinte-là ? Mais pardon, elle l'a à certains moments... il faudrait pourtant se décider à regarder autour de soi... M. Manet n'a, Dieu merci, jamais connu ces préjugés stupidement entretenus dans les écoles. Il peint en abrégeant la nature telle qu'elle est et telle qu'il la voit.* **❞**

J.-K. Huysmans,
Le Voltaire, 1879.

Édouard MANET
Argenteuil, 1874
Huile sur toile, 149 × 115 cm
Tournai, musée des Beaux-Arts

Berthe MORISOT
Le Berceau, 1872
Huile sur toile, 56 × 46 cm
Paris, musée d'Orsay

Berthe Morisot
Le Berceau

Dans ce tableau, souvent considéré comme une image parfaite de l'amour maternel, Berthe Morisot a représenté sa sœur Edma, plongée dans l'admiration de Blanche, son nouveau-né. Edma avait été, avant son mariage, la fidèle complice de Berthe dans son apprentissage artistique et une grande intimité régnait entre les deux jeunes femmes.

Le tableau est relevé d'une très légère anecdote : la mère, inconsciemment, reproduit le geste de sa fille qui porte sa main à la joue. Présenté à la première exposition impressionniste (1874) où les œuvres furent pour la plupart raillées, il reçut un assez bon accueil : « Rien n'est plus vrai ni plus tendre à la fois que la jeune mère, assez mal fagotée il est vrai, qui se penche vers un berceau où s'endort un enfant rose doucement visible à travers la nuée pâle des mousselines » (Jean Prouvaire, *Le Rappel*, 20 avril 1874). D'autres critiques s'attardèrent sur la technique trop libre de Berthe Morisot sans prendre conscience que cette liberté de facture précisément sauve son tableau de la mièvrerie inhérente à ce genre de sujet. Par une composition très rigoureuse, Berthe Morisot conjure la légèreté dont on taxait généralement les œuvres des femmes peintres. La succession de plans blancs et de plans noirs rythme l'organisation de l'espace, mais serait d'une trop grande tristesse si elle n'était adoucie par le jeu de la transparence des voiles. La mousseline blanche du berceau, rehaussée par des rubans roses, laisse apercevoir la carnation rosée du bébé.

Édouard MANET
Le Balcon, 1869
Huile sur toile, 170 × 124,5 cm
Paris, musée d'Orsay

Francisco GOYA
La Comtesse del Carpio,
Marquise de la Solana, vers 1793
Huile sur toile, 181 × 122 cm
Paris, musée du Louvre

Berthe MORISOT
La Chasse aux papillons, 1874
Huile sur toile, 46 × 50 cm
Paris, musée d'Orsay

Le voile blanc du fond, sans doute un rideau, laisse deviner les reflets bleus d'une journée ensoleillée. Enfin, la robe noire d'Edma, soulignée par le fin liseré d'une chemise blanche, reprend cette même opposition de couleurs.

Toute la construction du tableau, la facture et la gamme de couleurs se ressentent de l'influence de Manet. Ce dernier était un ami très proche de Berthe Morisot. Elle posa souvent pour lui dans les années 1870, avant de devenir sa belle-sœur en épousant Eugène Manet. On la voit notamment au premier plan du *Balcon*, œuvre qui offre de nombreuses similitudes avec *Le Berceau*. C'est Manet qui avait encouragé Berthe Morisot à peindre des personnages, elle qui, jusque-là, s'était limitée aux paysages. La facture franche et libre de l'artiste, qui ne cache cependant pas une certaine faiblesse dans le dessin, est redevable à Manet. De même que la gamme colorée qui se suffit du noir, du blanc et du rose, évoque l'art de Goya, peintre que Manet et Morisot admiraient tous deux.

Souvent limitée à des sujets « féminins » et intimistes, mettant en scène des femmes et des enfants, Berthe Morisot — comme Mary Cassatt, l'autre femme du groupe — sut, grâce à l'audace de ses compositions, se tailler une place dans ce milieu presque exclusivement masculin. On peut néanmoins regretter de trouver trop souvent dans ses œuvres des petites histoires, des anecdotes qui amoindrissent son talent.

❝ Parlez-moi de Mlle Morisot ! Cette jeune personne ne s'amuse plus à reproduire une foule de détails oiseux. Lorsqu'elle a une main à peindre, elle donne autant de coups de brosse qu'il y a de doigts et l'affaire est faite. ❞

L. Leroy,
Le Charivari, 25 avril 1874.

Mary CASSATT
Mère et enfant sur un fond vert, 1897
Pastel sur papier, 55 × 66 cm
Paris, musée d'Orsay

Le peintre organise sa construction avec une grande simplicité : les clairs et les sombres se succèdent dans un échelonnement des surfaces sur trois plans : blanc, noir, blanc.

Alfred SISLEY
L'Inondation à Port-Marly, 1876
Huile sur toile, 60 × 81 cm
Paris, musée d'Orsay

Alfred Sisley
L'Inondation à Port-Marly

Commentant l'œuvre des impressionnistes, le critique Armand Silvestre déclarait en 1873 : « M. Monet est le plus habile et le plus osé, Sisley le plus harmonieux et le plus craintif, Pissarro le plus réel et le plus naïf. » C'était bien situer Sisley par rapport à ses camarades et mettre en évidence ses qualités de composition, d'harmonie et de poésie. *L'Inondation à Port-Marly* constitue l'un des exemples les plus parfaits de ces qualités.

C'est en 1876 que Port-Marly, village voisin de Marly-le-Roi où vivait Sisley, fut envahi par la Seine, créant ainsi un paysage de ciel et d'eau qui l'inspira particulièrement. Le peintre, en effet, put étudier le mariage de l'eau et du ciel, fécond en variations lumineuses, que l'on retrouve dans plusieurs tableaux comme, par exemple, *Barque pendant l'inondation*. De cet événement qui bouleverse l'ordre établi, détruit, abîme, et qu'un peintre comme Huet avait traité de manière sombre et dramatique, Sisley tire une œuvre empreinte de sérénité et de douceur.

Comme toutes les œuvres de Sisley, ce tableau frappe par l'impression d'équilibre et de clarté qui s'en dégage. Si Sisley était moins aventureux que ses amis dans le domaine des investigations picturales, il savait en revanche parfaitement maîtriser leur technique et y adapter son sens de la composition et la grâce de ses harmonies colorées.

Sisley était, selon l'avis de tous, l'un des impressionnistes les plus capables de traduire les variations atmosphériques. Ici, il a su capter le moment

Paul HUET
Inondation à Saint-Cloud (détail), 1855
Huile sur toile, 200 × 300 cm
Paris, musée du Louvre

❝ Je ne sais pas de tableau dans le passé ni dans le présent qui donne d'une façon si complète, si parfaite la sensation physique de l'atmosphère, du « plein air ». Voilà donc une acquisition toute nouvelle en peinture, et dont il importe de prendre note. ❞

E. Chesneau, *Paris Journal*,
7 mai 1874.

Alfred SISLEY
La Passerelle d'Argenteuil, 1872
Huile sur toile, 39 × 60 cm
Paris, musée d'Orsay

Claude MONET
La Débâcle près de Vétheuil, 1880
Huile sur toile, 65 × 93 cm
Paris, musée d'Orsay

Jean-Baptiste COROT
Une matinée. La danse des Nymphes, 1850
Huile sur toile, 93 × 131 cm
Paris, musée d'Orsay

fugace où la pluie et le beau temps se succèdent.

Excepté dans le traitement de l'eau où les touches fragmentées de différentes couleurs se mêlent, Sisley a utilisé dans le reste de la composition une facture assez traditionnelle et relativement lisse, bien éloignée de celle de ses camarades à la même époque. Sisley semble ne jamais avoir remis en question sa manière de peindre comme le firent à plusieurs reprises, et radicalement, Monet, Renoir, Cézanne ou Pissarro. Ses tableaux présentent toujours les mêmes effets mesurés, fidèles aux impressions, jamais excessives, du peintre qui voyagea peu et resta de longues années à Marly ou à Moret. Plus ou moins colorées et lumineuses selon les caprices du temps, variations que d'ailleurs Sisley ne cherche que modérément à saisir, ses œuvres offrent une unité remarquable et constituent dans l'impressionnisme un élément de stabilité et de continuité. En cela Sisley se rattache davantage à Corot qu'à ses camarades de l'atelier de Gleyre.

Il fut le seul des impressionnistes à ne pas rencontrer le succès. De son vivant, ses paysages se vendaient trente francs ; après sa mort, *L'Inondation à Port-Marly* fut achetée 43 000 francs par l'amateur Isaac de Camondo.

❝ *Sisley, dit-on, est fort gravement malade. Celui-là est un bel et grand artiste. Je suis d'avis que c'est un maître égal aux plus grands. J'ai revu des œuvres de lui d'une ampleur et d'une beauté rares, entre autres une* Inondation *qui est un chef-d'œuvre.* ❞

Lettre de Pissarro à son fils
Lucien, 1899.

Alfred SISLEY
Village au bord de la Seine ou
Vue de Villeneuve-la-Garenne, 1872
Huile sur toile, 59 × 80 cm
Leningrad, musée de l'Ermitage

La sensation d'équilibre de ce tableau provient de sa construction. L'œuvre est divisée horizontalement en trois bandes parallèles occupant chacune le tiers de la surface de la toile. Verticalement, c'est la règle d'or qui régit les divisions du tableau. Les deux éléments forts de la composition, l'auberge à gauche, le poteau télégraphique et les arbres à droite, placés sur le nombre d'or, guident le regard vers le centre et le fond du paysage.

❝ *... Un des plus beaux voyages de tous les temps, de toutes les écoles, resplendit paisiblement de beauté calme : L'Inondation à Marly (...) Gloire au peintre de cette page immortelle !* **❞**

G. Geffroy, *Sisley*, 1923.

Edgar DEGAS
Dans un café,
dit aussi *L'Absinthe*, 1875-1876
Huile sur toile, 92 × 68 cm
Paris, musée d'Orsay

Edgar Degas
Dans un café, dit aussi *L'Absinthe*

Aune table du Café de la Nouvelle-Athènes, lieu de réunion des peintres impressionnistes et de leurs amis, sont installés un homme et une femme. On connaît très bien leur identité. L'homme, c'est Marcellin Desboutin, un peintre-graveur, figure très importante du cercle impressionniste. La femme, c'est Ellen Andrée, un modèle professionnel, souvent représentée dans les œuvres de Manet, Renoir, Degas, qui se reconvertit avec succès au théâtre. Elle raconta à la fin de sa vie que Degas l'avait peinte « devant une absinthe, à côté de Desboutin devant un breuvage innocent; le monde renversé, quoi, et nous avons l'air de deux andouilles ». Voilà bien résumée la scène, si l'on peut parler de scène alors qu'il ne se passe rien entre les deux personnages, parfaitement étrangers l'un à l'autre. Le thème central, c'est le verre d'absinthe, alcool dont le nom s'est substitué au titre initial du tableau. La femme paraît hébétée par l'usage trop fréquent de cette boisson verdâtre qui fit des ravages à la fin du siècle dernier au point d'être interdite à la consommation. Le regard vague, les épaules tombantes, les bras ballants, les jambes écartées comme celles d'un pantin, tout dans sa tenue révèle l'abandon de soi. La facture hâtive, insoucieuse des raffinements de la toilette féminine, accentue cette impression. La composition du tableau elle-même contribue au sentiment de dérive qui émane du sujet. La figure de la femme, placée au centre, paraît, grâce au jeu des tables qui l'isolent et la poussent vers la droite, complètement excentrée. Les tables elles-

Édouard MANET
Au café, vers 1878
Aquarelle, 23 × 20 cm
Paris, musée d'Orsay

❝ *Essayez donc de faire entendre raison à M. Degas, dites-lui qu'il y a en art quelques qualités ayant noms le dessin, la couleur, l'exécution, la volonté, il vous rira au nez et vous traitera de réactionnaire.* **❞**   A. Wolff, *Le Figaro*, 1876.

Édouard MANET
Au café, 1878
Huile sur toile, 78 × 84 cm
Winterthur, collection Oskar Reinhart

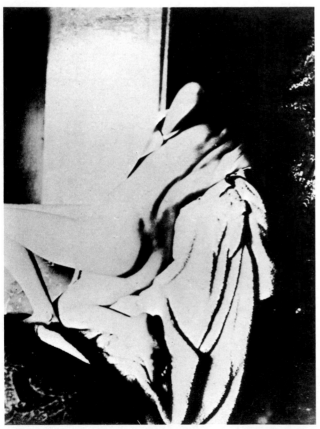

Après le bain, femme s'essuyant le dos,
vers 1895-1896
Photographie prise par Edgar Degas

mêmes, étrangement disposées, concourent au déséquilibre de cette composition. Le décor du café, à peine ébauché, ne distrait pas du face à face entre la femme et son verre. L'homme à droite, les yeux tournés de l'autre côté, accentue la sensation de solitude. Où que le regard du spectateur se porte dans cette toile aux couleurs sourdes, il est conduit vers le jabot jaune de la robe d'Ellen Andrée, puis, immédiatement après, vers le verre. Par tous ces détails de composition Degas parvient à construire une œuvre d'une force inouïe.

Le thème du café était un sujet très prisé dans le milieu impressionniste, car il répondait de façon exemplaire à leur souci de représenter la « vie moderne ». Si Manet, Renoir, Cézanne réalisèrent quelques scènes de café, aucun d'eux ne s'est ainsi penché sur le problème de l'alcoolisme, ni sur l'immense détresse que l'on pouvait rencontrer dans ces lieux.

Comment ne pas penser à Gervaise, l'héroïne de *L'Assommoir*, le célèbre roman de Zola publié en 1876, quelques mois après l'exécution du tableau de Degas ? Si tous les mots d'un roman sont nécessaires pour raconter comment Gervaise, jeune femme sérieuse et travailleuse, a sombré dans l'alcoolisme, quelques coups de pinceau de Degas ont su traduire d'une manière plus marquante la déchéance qu'il entraîne. Zola et Degas procèdent de la même esthétique réaliste. Tous deux peignent un aspect de la vie contemporaine pour en laisser un témoignage et pour en dénoncer les mécanismes. Degas, dont on sait qu'il n'appréciait pas l'alcool, ne porte cependant aucun jugement moral sur cette femme qui boit. Il se contente de l'observer avec un regard froid, dénué de compassion. C'est avec ce regard, parfois qualifié de haineux, que Degas observe les femmes des maisons closes, les danseuses, les chanteuses, les jockeys. Mais, le plus souvent, le visage n'intéresse pas le peintre. Seuls les gestes ou les expressions les

Edgar DEGAS
Femmes à la terrasse d'un café, le soir,
1877
Pastel sur monotype, 41 × 60 cm
Paris, musée d'Orsay

plus caractéristiques des personnages retiennent son attention. Dans *L'Absinthe* au contraire, il s'attarde sur le visage de ses deux modèles comme s'il voulait esquisser une analyse psychologique, ébaucher une histoire.

A partir de 1880 environ, Degas abandonnera complètement, sauf dans ses portraits, cette veine légèrement narrative qui avait inspiré ses premières œuvres à sujet historique, comme *Sémiramis construisant Babylone*, ou moderne comme *Intérieur* ou *Le Viol*. Il se concentre alors sur l'étude des corps en mouvement dont ses sculptures constituent l'aboutissement. En fait, dans ses pastels, qu'il appréciait à cause de la rapidité de leur technique, ou dans ses sculptures,

il ne représente pas le mouvement, impossible à saisir : il arrête une femme ou un cheval dans une position à la limite du déséquilibre pour décomposer son attitude.

A l'opposé de la mobilité recherchée par ses amis Monet ou Renoir, Degas est le peintre de l'immobilisme, du mouvement interrompu et figé. Sa manière de peindre, concentrée bien plus sur le dessin que sur la lumière ou la couleur, convient mieux à cette recherche.

Dans *L'Absinthe*, le temps et l'action sont suspendus, la femme et l'homme saisis dans une seconde d'abandon. Degas est allé à l'essentiel, a négligé tous les détails superflus. Çà et là, quelques traits noirs soulignent certains contours sans rien de

systématique. Cependant ces minces lignes noires confèrent au tableau une grande force. Dans l'abréviation de son dessin, Degas rejoint les autres impressionnistes. Il sait qu'il n'est pas besoin de reproduire en détail un objet pour que l'on ait l'impression que cet objet existe. Il n'a pas peint les mains d'Ellen Andrée parce que nous savons qu'elles sont là, quelque part sur sa robe ou sous la table. Aussi différentes qu'elles puissent être, les techniques de Monet et de Degas parviennent au même but : « Frapper les foules par des images saillantes, aisément reconnaissables en leur vérité, dénuées d'artifice, donnant exactement les sensations de ce que l'on voit dans la rue » (E. Duranty , *La Nouvelle Peinture*, 1876).

Edgar DEGAS
Sémiramis construisant Babylone,
vers 1860-1862
Huile sur toile, 150 × 258 cm
Paris, musée d'Orsay

Le jeu géométrique des tables, organisé
selon des obliques fuyantes, horizontales et
se coupant à angle droit, permet au regard
de se déplacer dans le tableau dans un tra-
velling gauche-droite.
Ce point de vue, rapproché, en plongée avec
des personnages décentrés vers la droite
invite à imaginer que l'espace se prolonge
au-delà du cadre et décrit bien l'atmosphère
de ce lieu de passage.

❝ *Un original garçon que ce Degas,
un maladif, un névrosé, un ophtalmi-
que, à ce point qu'il craint de perdre la
vue; mais par cela même un être émi-
nemment sensitif et recevant le contre-
coup du caractère des choses. C'est
jusqu'à présent l'homme que j'ai vu le
mieux attraper, dans la copie de la vie
moderne, l'âme de cette vie. Mainte-
nant réalisera-t-il jamais quelque chose
de complet? J'en doute. C'est un esprit
trop inquiet.* **❞**
E. de Goncourt,
Journal, 13 février 1874.

Gustave CAILLEBOTTE
Les Raboteurs de parquet, 1875
Huile sur toile, 102 × 146 cm
Paris, musée d'Orsay

Gustave Caillebotte
Les Raboteurs de parquet

Il existe deux versions des *Raboteurs de parquet*, chacune montrant des hommes dans l'effort de leur travail, luisant de sueur comme le parquet commence à luire sous le va-et-vient de leurs rabots. Une bouteille de vin, avec les affaires empilées au fond, apporte une note réaliste à la scène. Tout dans ce tableau, qui se déroule pourtant à huis clos dans une pièce vide, évoque une ville, Paris. La dimension de la salle, son lambris, le marbre d'une cheminée qu'on devine, appartiennent à un appartement bourgeois. A travers la fenêtre on aperçoit les toits de zinc dont la forme si caractéristique est celle des immeubles d'habitation, conçus sous Haussmann et construits par dizaines sous la IIIe République. Ainsi que le préconisaient les partisans de la modernité comme le critique Duranty, Caillebotte est parvenu, par quelques indices, à reconstituer une image fidèle bien qu'elliptique du monde où il vivait. Il fut aussi l'un des premiers à représenter l'ouvrier parisien, celui que Zola décrira dans *L'Assommoir* (1876), qui travaille en bras de chemise ou torse nu, celui qui participe, avec la force de ses bras, à l'expansion économique de Paris. Les raboteurs de Caillebotte constituent le pendant masculin des *Repasseuses* de Degas, et tous deux comptent parmi les rares artistes à avoir exalté la vie citadine.

La composition du tableau obéit à une perspective très rigoureuse dont les multiples points de fuite sont soulignés par les interstices du parquet. Les boucles fragiles des copeaux atténuent la rigidité des nombreuses lignes droites.

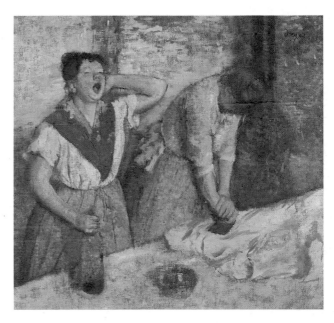

Edgar DEGAS
Les Repasseuses, vers 1884
Huile sur toile, 76 × 81,5 cm
Paris, musée d'Orsay

❝ *En voilà un que nous pourrons pleurer, il a été bon et généreux, et, ce qui ne gâte rien, un peintre de talent.* **❞**

Lettre de Pissarro à son fils
Lucien, 1894.

Gustave CAILLEBOTTE
Étude pour le pont de l'Europe,
les poutres en fer, 1876
Huile sur toile, 55,5 × 45,7 cm
Paris, collection particulière

Gustave CAILLEBOTTE
Intérieur ou
Intérieur, femme à la fenêtre, 1880
Huile sur toile, 116 × 89 cm
Collection particulière

Ce tableau qui bénéficie aujourd'hui d'une très grande popularité ne fut pas jugé de manière enthousiaste par la critique lors de sa présentation au public. Zola fut très dur : « C'est une peinture absolument anti-artistique, une peinture proprette comme un verre, une peinture bourgeoise, en raison de la précision de la copie. La photographie de la réalité qui n'est pas marquée du sceau original du peintre, c'est une piètre chose » (*Le Messager de l'Europe*). Zola soulève deux points intéressants : il aborde le problème de l'adéquation d'une technique à un sujet, et condamne l'œuvre de Caillebotte parce qu'elle témoignait de l'application d'une technique picturale traditionnelle à un thème moderne. Il dénonce ainsi le télescopage de deux mondes : celui de la peinture de Salon bien finie que Caillebotte avait apprise auprès de Léon Bonnat à l'École des Beaux-Arts, et celui de la peinture impressionniste dont les sujets modernes sont servis par une technique moderne. C'est peut-être ce télescopage, cette manière d'envelopper un sujet réaliste dans un traitement raffiné qui nous séduisent tant aujourd'hui.

Zola aborde également le problème de la photographie. Cette technique qui donnait une image servile de la réalité pouvait tenter les artistes soucieux d'être fidèles à leur sujet. Mais elle permettait aussi de voir le monde à travers des points de vue que l'œil, toujours mobile, de l'homme et du peintre, n'aurait pu saisir. Et c'est grâce aux compositions très originales que la photographie lui dévoila que Caillebotte parvient à être moderne, malgré la facture de ses œuvres, plus classiques que celle de ses camarades.

Ce qui semble avoir particulièrement inté-
ressé Caillebotte dans ce tableau, c'est de
trouver les moyens plastiques pour traduire
les effets de la lumière sur les matières
(vitre, bois mouillé, bois sec, métal, chairs) :
transparence, brillance ou matité...
La précision de sa technique est telle qu'elle
renvoie la lumière au spectateur comme un
miroir.

Gustave **CAILLEBOTTE**
Toits sous la neige à Paris, 1878
Huile sur toile, 64 × 82 cm
Paris, musée d'Orsay

❝ *En résumé, M. Caillebotte a rejeté
le système des taches impressionnistes
qui forcent l'œil à cligner pour rétablir
l'aplomb des êtres et des choses, il s'est
borné à suivre l'orthodoxe méthode des
maîtres et il a modifié leur exécution,
il l'a pliée aux exigences du modernisme, en quelque sorte rajeunie et
faite sienne.* **❞**

J.-K. Huysmans,
L'Art moderne, 1883.

Auguste RENOIR
Le Bal du Moulin de la Galette, 1876
Huile sur toile, 131 × 175 cm
Paris, musée d'Orsay

Auguste Renoir
Le Bal du Moulin de la Galette

En 1876, Renoir vivait rue Cortot, en plein cœur de ce Montmartre qui, avec ses jardins, gardait toujours des allures de campagne. Il allait souvent avec ses amis au Moulin de la Galette, guinguette qui donnait bal le dimanche et qui tenait son nom de l'un des moulins à vent qui se dressait encore sur la butte.

Dans *Le Bal du Moulin de la Galette*, « le peintre a très exactement rendu l'ensemble tapageur et légèrement débraillé de cette guinguette (...) on danse dans le petit jardin maigre qui tient au moulin. Une grande lumière brutale tombe du ciel à travers les transparences vertes du feuillage doré, les cheveux blonds et les joues roses, met des étincelles aux rubans des petites filles, illumine toute la profondeur du tableau d'une flamme joyeuse dont les ombres mêmes prennent un reflet, et au milieu de laquelle se tord une foule de danseurs dans les attitudes variées d'une chorégraphie éperdue » (Flor O'Squar, 1877).

Cette critique du tableau présenté à la troisième exposition impressionniste de 1877, nous indique bien les deux buts poursuivis par Renoir : mettre en scène des personnages dans la lumière naturelle, rendre l'idée du mouvement et de la griserie. Pour ce faire, il installa son chevalet dans le jardin du Moulin. Chaque matin, aidé de ses amis, il transportait sa toile de son atelier au Moulin au risque de la voir s'envoler. Chaque soir, il lui faisait prendre le chemin inverse.

C'est toute la population montmartroise composée d'ouvriers, de petits

Auguste RENOIR
La Balançoire, 1876
Huile sur toile, 92 × 73 cm
Paris, musée d'Orsay

[Renoir] **❝** *ce radieux peintre de l'épiderme parisien et des yeux pers, ce gai coloriste, cet ordonnateur habile des couples se mouvant dans les lumières flavescentes.* **❞**
F. Fénéon,
La Vogue, 28 juin 1886.

Pierre-Paul RUBENS
La Kermesse, vers 1635
Huile sur bois, 149 × 261 cm
Paris, musée du Louvre

Auguste RENOIR
Les Parapluies, vers 1881 et 1885
Huile sur toile, 180 × 115 cm
Londres, National Gallery of Art

artisans, de demoiselles à la vertu un peu facile, de personnes vivant là comme dans un village et mêlant les habitudes familières de la campagne à celles de la ville, que Renoir a représentée dans son tableau. Lorsqu'il rencontrait un personnage dont le physique l'intéressait, il l'invitait à poser pour lui. Il convia également ses amis Rivière, Goeneutte, Cordey, Gervex et ses modèles favoris comme Margot.

Il était impossible à Renoir de réaliser entièrement sa toile sur le motif. Aussi spontané qu'il puisse apparaître, *Le Bal du Moulin de la Galette* nécessita un long labeur. L'œuvre fut précédée d'esquisses dont deux nous sont parvenues. Entre les séances de travail en plein air le peintre devait convoquer chez lui ses modèles pour étudier leurs poses. Aussi la vie qui se dégage du tableau, la formidable lumière, sont-elles plus une re-création que la capture instantanée d'une atmosphère. Si cette lumière nous semble tellement réelle et vibrante, c'est qu'elle représente le fruit de longues recherches. Le jardin de sa maison lui permettait notamment de peindre des figures en plein air, dans des œuvres moins complexes et sans le souci du transport de la toile. *La Balançoire*, tableau réalisé dans le jardin de Renoir à la même époque, révèle une semblable attention, scrupuleuse, au rendu de la lumière.

A la difficulté insurmontable de peindre sur le motif une toile longue de presque deux mètres, grouillante de personnages, s'ajoute celle de rendre le vertige de la danse, du mouvement et de la joie. La composition de Renoir est en elle-même très dynamique. Les figures coupées par les bords du tableau invitent à penser qu'il privilégie une partie seulement du spectacle qui se poursuit au-delà du cadre. Renoir a eu recours à des effets de spirale, déjà utilisés par Rubens dans *La Kermesse*, qui rendent bien l'idée du mouvement. Outre la composition, deux éléments participent au dynamisme de l'œuvre : la lumière et la touche. La lumière, qui éclabousse indistinctement la surface du tableau en créant des îlots d'ombres violettes opposés à des taches de lumière jaune, unifie la composition tout en l'animant. Elle procure même un vif sentiment de vertige en faisant du sol où valsent les danseurs un espace indéterminé et mouvant. Ainsi certains des danseurs donnent-ils l'impression de flotter sur un gros nuage.

La touche, qui brosse rapidement chacun des personnages, ne délimite aucun des contours, brouille toutes les formes dans un brouhaha coloré où tout semble pris dans le même élan.

L'entreprise menée par Renoir était des plus périlleuses, et si pour nous elle représente un succès total, c'est aussi parce que, au-delà du plaisir éternel de la danse, on y retrouve le témoignage vivant d'une époque révolue. Renoir a su, dans sa toile, dépasser la petite anecdote dont l'intérêt s'émousse rapidement. Les hommes et les femmes se parlent, on peut seu-

Auguste RENOIR
Danse à la campagne, 1883
Huile sur toile, 180 × 90 cm
Paris, musée d'Orsay

Auguste RENOIR
Danse à la ville, 1883
Huile sur toile, 180 × 90 cm
Paris, musée d'Orsay

lement supposer que leurs propos sont ceux de tous les jeunes gens grisés par le bruit, la vitesse et le soleil. Ces discours légers et badins rebondissent de groupe en groupe, se mêlant au bruit de l'orchestre. Dans ce tableau, Renoir décrit une espèce de rite auquel se livraient ses contemporains, la danse, qui permet d'oublier le travail, les difficultés de l'existence et de faire des rencontres.

Trois autres tableaux de Renoir illustrent encore mieux ce thème. Dans *La Danse à Bougival*, *La Danse à la campagne* et *La Danse à la ville*, les couples de danseurs sont isolés. Leur valse peut relever d'un divertissement agréable ou d'une obligation sociale. Dans *Le Bal du Moulin de la Galette*, c'est toute la joie du jour chômé qui éclate, chacun voulant se mêler à la foule pour mieux en profiter. Seul Renoir, dont on a souvent décrit les origines modestes, les goûts simples et populaires, pouvait traduire cette atmosphère.

Georges Rivière, l'ami et le biographe de Renoir, écrivit qu'il avait réalisé avec son *Bal du Moulin de la Galette* « une page d'histoire, un monument précieux de la vie parisienne d'une exactitude rigoureuse ». Selon lui, l'artiste avait su trouver dans le monde qui l'entourait ce que d'autres cherchaient dans la mythologie ou l'histoire sainte : un moyen de représenter la vie, la passion, le caractère de l'homme. A l'instar de Manet qui avait regroupé tous ses amis dans *La Musique aux Tuileries* pour prouver, comme le souhaitait Baudelaire, « que nous n'avons qu'à ouvrir les yeux pour trouver notre héroïsme », Renoir obéit à la même démarche. Ses amis sont les héros heureux et insouciants d'une histoire pour laquelle il inventera d'autres épisodes : *Le Déjeuner des canotiers*, *Les Parapluies*. Dans toutes ses œuvres, Renoir affirme son goût pour la figure humaine qu'il est le seul, parmi ses camarades, à restituer à ce point.

Édouard MANET
La Musique aux Tuileries, 1862
Huile sur toile, 76 × 118 cm
Londres, National Gallery of Art

C'est le jeu des ombres et des lumières qui commande l'organisation des formes dans ce tableau. Celles-ci ne se lisent plus objet par objet, personnage par personnage. Intimement associées les unes aux autres, elles conduisent le regard à percevoir d'abord un mouvement d'ensemble qui progresse de l'avant vers le fond en tournoyant.

❝ *Les taches rondes ont la prétention de rendre l'ombre portée de chaque feuille. Voilà je l'avoue une tentative vraiment impressionniste ; mais entreprendre une pareille lutte avec la nature n'est-ce pas s'exposer à une défaite sans excuse et sans intérêt parce qu'elle sera toujours ridicule ?* ❞

Ballu, *La Chronique des Arts et de la Curiosité*, 1877.

Claude MONET
*Femme à l'ombrelle tournée vers la gauche
(Essais de figure en plein air)*, 1886
Huile sur toile, 131 × 88 cm
Paris, musée d'Orsay

Claude Monet
Femme à l'ombrelle tournée vers la gauche

« Je travaille comme jamais à des tentatives nouvelles, des figures en plein air comme je les comprends, faites comme des paysages. C'est un rêve ancien qui me tracasse toujours et que je voudrais une fois réaliser : mais c'est difficile », écrit Monet à son ami Duret le 13 août 1887. La représentation de la figure humaine, peinte en plein air, avait beaucoup tenté Monet au début de sa carrière. *Le Déjeuner sur l'herbe* et les *Femmes au jardin* en témoignent. Il s'en était écarté pour ne peindre que des paysages et arriver à en faire des symphonies de couleurs où les formes étaient dissoutes dans l'atmosphère. C'est ce même traitement qu'il souhaite appliquer à la figure humaine.

Même si l'on connaît parfaitement l'identité du modèle et les circonstances dans lesquelles cette œuvre fut peinte, il est impossible d'identifier le personnage tant Monet a manifesté d'indifférence à son visage. C'est Suzanne Hoschedé, la fille de la seconde épouse du peintre, qui, se promenant dans l'île aux orties du domaine de Giverny, inspira à Monet ce tableau et son pendant. Le vent souffle légèrement, soulevant l'écharpe et la jupe de la jeune fille, faisant ployer les herbes, tandis que la lumière dessine l'ombre de Suzanne sur le sol. Malgré l'impression de fugacité qui se dégage de cette œuvre, Suzanne Hoschedé dut poser longuement pour Monet.

Ce tableau, exécuté quelque temps avant les séries des *Meules* et des *Peupliers*, marque l'aboutissement du travail en plein air de Monet. Le peintre était

Claude MONET
Les Meules, fin de l'été à Giverny, 1891
Huile sur toile, 60,5 × 100,5 cm
Paris, musée d'Orsay

❝ *Il a tout exprimé, même les fugitifs effets de lumière, même l'insaisissable, même l'inexprimable (...) Tout est combiné, tout s'accorde avec les lois atmosphériques, avec la marche régulière et précise des phénomènes terrestres ou célestes.* **❞**
O. Mirbeau,
Le Figaro, 10 mars 1889.

Claude MONET
*Femme à l'ombrelle
tournée vers la droite*, 1886
Huile sur toile, 131 × 88 cm
Paris, musée d'Orsay

❝ *Forcément, il devait se préoccuper de la silhouette et de la tache produite par la figure humaine sur le ciel, l'eau et les verdures; il devait traduire sur des étoffes et sur des visages les vibrations, les frissonnements de l'atmosphère.* **❞**

G. Geffroy, *Monet, sa vie, son œuvre*, 1924.

parvenu à une telle sensibilité du regard qu'il sentait de manière très aiguë les évolutions de la lumière. Il déclarait volontiers qu'on ne pouvait peindre plus d'une demi-heure sur le même motif car celui-ci se métamorphosait complètement durant ce bref laps de temps. Il avait même constaté, en exécutant ses peupliers, que le soleil ne s'attardait que sept minutes sur une même feuille. Ces sept minutes écoulées, il lui fallait prendre une autre toile.

Monet fut le seul des impressionnistes à poursuivre la logique du plein air jusqu'à cette limite qui faisait peur à tous. Il pouvait, quant à lui, rester une année devant le même motif, le reproduisant inlassablement dans toutes les nuances des saisons, des heures, des minutes. Une telle recherche ne s'opérait pas sans mal, et une Américaine, voisine de Monet à Giverny, raconta que, de rage, Monet donna un jour un grand coup de pied à sa toile qui se déchira.

Ces deux œuvres, qu'un critique avait baptisées « Ascension » et « Assomption », témoignent d'un très vif souci décoratif. Elles révèlent également la préoccupation de Monet de faire deux œuvres grandioses. Vues légèrement en contre-plongée, ces figures semblent assez monumentales en dépit de la légèreté de leur facture. Peut-être Monet voulait-il répondre à Seurat qui avait présenté quelque temps auparavant, à la dernière exposition impressionniste de 1886, son grand tableau, manifeste du néo-impressionnisme : *Un dimanche après-midi à la Grande-Jatte* ? Par cette œuvre Seurat remettait en cause le travail de Monet qui passait plus que jamais pour un artiste trop spontané, trop peu intellectuel et même trop « romantique ». A travers ces deux *Essais de figure en plein air*, Monet s'affirmait, malgré quelques attaques, comme le chef de file de la nouvelle peinture, poursuivant ses recherches sur les vibrations de la lumière jusqu'à la quasi-dissolution du motif.

Georges SEURAT
Un dimanche après-midi
à la Grande-Jatte, 1884-1886
Huile sur toile, 207,6 × 308 cm
Helen Birch Bartlett Memorial Collection
The Art Institute of Chicago

La touche de Monet, mouvementée, inventée en fonction des objets qu'elle désigne, large ou fine, épaisse ou étirée, ne cerne pratiquement jamais réellement les formes. Elle favorise la pénétration de la lumière dans la matière. La touche de Seurat, plus fine, plus organisée, construit davantage les formes.

❝ *Il l'avait trouvé délicieuse, la jeune fille rose qui passait avec ses ombrelles claires et ses toilettes fraîches...* ❞

G. de Maupassant,
« *Imprudence* »,
Contes et nouvelles, 1885.

Camille PISSARRO
La Bergère
ou *Jeune Fille à la baguette*
Huile sur toile, 81 × 64,7 cm
Paris, musée d'Orsay

Camille Pissarro
La Bergère ou *Jeune Fille à la baguette*

Délaissant le paysage pur auquel il s'adonnait depuis vingt-cinq ans, Pissarro concentre son attention sur une jeune fille assise sur un talus qui joue négligemment avec une baguette. Le paysage ne sert ici que de toile de fond à la figure de la bergère, et l'herbe, les fleurs, forment une tapisserie. Le ciel a disparu et on a l'impression d'être dans un trou de verdure propice au repos et à la rêverie. Cette paysanne n'est pas la première à figurer dans un tableau de Pissarro. Nombre de ses paysages sont animés par des silhouettes rabougries de paysans. Déformés par la distance à laquelle le spectateur est sensé les apercevoir, ils contribuent modestement à la mise en place de la composition. Ainsi le paysan de *La Gelée blanche* parvient-il à faire de ce tableau une image réelle et quotidienne de la campagne.

A partir de 1880, le rapport entre la figure humaine et le paysage s'inverse et *La Bergère* est l'un des premiers exemples de cette mutation. Pourquoi un tel changement qui perdurera dans l'œuvre de Pissarro ? On peut l'attribuer à son intérêt toujours latent pour les œuvres de Millet. *La Tricoteuse*, par exemple, est très proche du tableau de Pissarro : on y voit une bergère qui a délaissé un instant son troupeau pour s'asseoir sur un talus, mais elle est pénétrée d'une gravité et d'une monumentalité que n'a pas celle de Pissarro. Au lieu de se fondre dans le paysage environnant, comme la *Jeune fille à la*

Jean-François MILLET
La Tricoteuse, 1876
Huile sur bois, 39 × 29,5 cm
Paris, musée d'Orsay

❝ *Un beau tableau de cet artiste est un acte d'honnête homme.* ❞

E. Zola, *L'Événement illustré*,
19 mai 1862.

Camille PISSARRO
La Gelée blanche, 1873
Huile sur toile, 65 × 93 cm
Paris, musée d'Orsay

Vincent VAN GOGH
La Méridienne, ou la Sieste, 1889-1890
Huile sur toile, 73 × 91 cm
Paris, musée d'Orsay

baguette, elle s'y oppose de tout son poids. Les critiques ont souvent vu en Pissarro un émule de Millet. C'était pourtant, avant tout, un bourgeois qui entretenait peu de rapports avec les paysans. Peut-être fut-il tenté, en les mettant en scène, de conquérir la clientèle d'amateurs qui recherchaient âprement les tableaux de Millet ?

Les œuvres de cette période révèlent surtout l'influence de Degas avec lequel Pissarro travaillait beaucoup à cette époque, notamment dans la composition de ce tableau qui surplombe le sujet. Cette composition, assez originale, annonce une tendance qui deviendra ultérieurement plus systématique : l'espace semblera de plus en plus flou, conférant ainsi à ses scènes paysannes une note décorative et symboliste pleine de poésie. Cette atmosphère a sans doute inspiré Seurat qui, aux côtés de Pissarro, vint faire l'apprentissage de la technique impressionniste. La simplicité et la franchise de ces tableaux toucheront également Van Gogh, très attiré par la représentation des paysans.

Pissarro, dont Mary Cassatt disait qu'il « était un tel professeur qu'il eût appris aux pierres à dessiner correctement », est peut-être aussi connu par le rôle de guide qu'il tint auprès de Cézanne et de Gauguin que par son œuvre de peintre. C'est pourtant dans son art sincère et rigoureux que ces deux artistes trouvèrent le fondement de leurs futures recherches.

❝ *L'ancêtre Pissarro qui fait de l'art malgré lui : ses paysannes sont hésitantes, deux fois veuves de Millet et Seurat, habilement tricotées cependant.* **❞**

P. Gauguin,
Essais d'art libre, 1894.

Camille **PISSARRO**
La Cueillette des pommes, 1886
Huile sur toile, 128 × 128 cm
Kuranshiki Ohara Museum of Art

Les coups de pinceau courts, minces et serrés de Pissarro font de ce tableau une espèce de tapisserie peinte. Les touches tissent les formes en les accompagnant dans leurs contours et dans leur mouvement.

« *Ni lyrique, ni vulgaire, il s'appliquait à construire par masses et par valeurs, solidement, les figures et les sites campagnards dont les verdures opaques mais nuancées restituent l'accueillante bonté de la vallée de la Seine.* **»**

M. Denis, *L'Occident*,
décembre 1903.

Paul CÉZANNE
La Maison du pendu, 1873
Huile sur toile, 55 × 66 cm
Paris, musée d'Orsay

Paul Cézanne
La Maison du pendu

Avec Cézanne, la peinture impressionniste est loin de refléter la joie de peindre, la facilité, le plaisir ressenti face aux tableaux de Monet ou de Renoir. Toutes ses œuvres, et surtout celles réalisées entre 1872 et 1877 comme *La Maison du pendu*, paraissent avoir été peintes dans la douleur, et chaque touche, dans son incroyable épaisseur, trahit les doutes, les interrogations et les recherches du peintre sur la forme et l'espace.

Cézanne peignit cette toile à une époque où il était très proche des impressionnistes au point qu'on devait la considérer souvent comme sa « période impressionniste ». Il peignait alors aux côtés de Pissarro qui l'avait aidé à éclaircir sa palette et conduit devant le motif, face à cette nature qui allait devenir son unique référence. Il participait aux débats qui agitaient les habitués du Café de la Nouvelle-Athènes au sujet d'une exposition indépendante. Pourtant les œuvres de Cézanne ont peu de rapport avec celles de Monet. Dès cette époque, il pressent que l'impressionnisme conduit la peinture vers la dissolution complète des formes dans la lumière. Lui, au contraire, veut redonner aux formes toute leur force. Il veut qu'entre la lumière et la forme, ce soit cette dernière qui domine. Il veut dépasser le stade de l'esquisse pour faire de l'impressionnisme « quelque chose de solide et de durable commme l'art des musées ».

Pour atteindre ce but Cézanne travaille inlassablement. Ainsi qu'en témoigne son ami le docteur Gachet auprès

Camille PISSARRO
Les Toits rouges. Coin de village, effet d'hiver, 1877
Huile sur toile, 54,5 × 65,5 cm
Paris, musée d'Orsay

❝ *Notre Cézanne nous donne bien des espérances, et j'ai chez moi une peinture d'une force et d'une vigueur remarquables. Si, comme je l'espère, il reste quelque temps à Auvers où il demeure, il étonnera bien des artistes qui se sont hâtés trop tôt de le condamner.* **❞**

Lettre de Pissarro
à Guillaumin,
3 septembre 1872.

Paul CÉZANNE
*La Montagne Sainte-Victoire
vue des Lauves*, 1904-1905
Huile sur toile, 54 × 73 cm
Bâle, galerie Beyeler

Pablo PICASSO
Usine de Horta de Ebro, 1909
Huile sur toile, 58 × 60 cm
Leningrad, musée de l'Ermitage

de qui Cézanne vivait à Auvers : « Il lui arrivait souvent de lutter désespérément pour une toile, y travaillant d'une saison à l'autre, d'une année à la suivante au point qu'un tableau du printemps 1873 devint un effet de neige en 1874. »

Les chaumières d'Auvers deviennent, sous le pinceau de Cézanne, lourdes et trapues. Il semble travailler comme un maçon, et les maisons commencent à se réduire à ces figures géométriques qu'il préconisait à la fin de sa vie. Le fond du tableau où s'étend la vaste plaine d'Auvers montre également les recherches sur la perspective aérienne que Cézanne poursuivra plus tard dans sa série des montagnes Sainte-Victoire. Ces recherches sur la construction de l'espace inspirèrent Braque et Picasso dans la genèse du cubisme. Les usines de Horta de Ebro jouent à ce titre le même rôle que les chaumières d'Auvers. Avant les cubistes, Gauguin, puis les nabis se montrèrent très curieux des nouvelles orientations que Cézanne donnait à l'impressionnisme.

On a souvent fait de *La Maison du pendu* un point de rupture dans son œuvre. Cézanne peignait auparavant des scènes violentes, sombres, d'un romantisme attardé ou d'inspiration baroque. Désormais, il tente de discipliner sa vision en dégageant de l'étude objective de la nature les lois mathématiques de l'harmonie. Travail acharné qui, de jour en jour, l'éloigne de « l'esprit littérateur, qui fait si souvent le peintre s'écarter de sa vraie voie » (lettre à É. Bernard, 1904).

❝ *Traiter la nature par le cylindre, la sphère, le cône, le tout mis en perspective, soit que chaque côté d'un objet, d'un plan se dirige vers un point central.* ❞

Lettre de Cézanne
à Émile Bernard,
15 avril 1904.

Paul CÉZANNE
*La Montagne Sainte-Victoire au-dessus
de la route du Tholonet*, vers 1904
Huile sur toile, 73,2 × 92,1 cm
The Cleveland Museum of Art

Pour construire cet espace tridimensionnel fortement structuré, Cézanne utilise l'imbrication quasi monolithique de volumes qu'il taille en plans contrastés clair sur foncé et foncé sur clair.

Ainsi le regard suit un passage obligé. Partant de la croisée des chemins au premier plan matérialisé par une pierre, il progresse par paliers successifs et en zigzag entre les deux masses des chaumières pour remonter vers les collines. L'effet de profondeur naît d'une modulation alternée des tons qu'il associe à des effets de matière par empâtements.

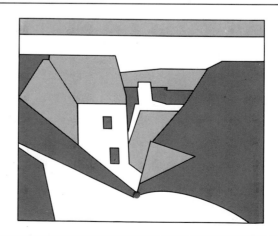

Paul GAUGUIN
Étude de nu ou *Suzanne cousant*, 1880
Huile sur toile, 114,4 × 79,5 cm
Copenhague, NY Carlsberg Glyptothek

Paul Gauguin
Étude de nu ou *Suzanne cousant*

*É*tude de nu ou *Suzanne cousant* peut se voir à la fois comme une toile très ambitieuse ou comme l'exercice encore hésitant d'un peintre en apprentissage. Gauguin nous montre une femme nue, assise sur le bord de son lit, dans ce qui paraît être une mansarde ou une chambre de bonne. Elle a laissé de côté son jupon et sa crinoline et ravaude son linge. Pour le romancier et critique d'art Huysmans, ce tableau, présenté à l'exposition impressionniste de 1881, représente une femme « moderne », c'est-à-dire contemporaine de Gauguin. Une femme dont le corps n'a pas été embelli au nom de la recherche de l'idéal. Huysmans lisait sur le corps de cette femme ce qui aurait scandalisé tout artiste académique, son âge, sa vie, ses misères, ses joies. C'est ce qu'il avait déjà pu lire sur celui de la *Bethsabée au bain* de Rembrandt.

Si l'on compare ce tableau à la *Naissance de Vénus* de Bouguereau, grand succès du Salon de l'année précédente, on peut mesurer la distance qui existe entre un nu « moderne » ou réaliste, et un nu conforme aux exigences académiques. Au sujet historique du tableau de Bouguereau répond un sujet modeste et quotidien dans celui de Gauguin. Aux formes lisses, polies de Vénus, Gauguin oppose celles, naturelles, de sa « Suzanne ». La différence essentielle entre les deux œuvres, c'est que la Vénus de Bouguereau a toujours été nue et le sera toujours, tandis que la femme de Gauguin vient de se déshabiller et qu'elle se couvrira bientôt. La modernité du tableau de Gauguin est

REMBRANDT
Bethsabée au bain, 1654
Huile sur toile, 142 × 142 cm
Paris, musée du Louvre

❝ *Je suis heureux d'acclamer un peintre qui ait éprouvé ainsi que moi, l'impérieux dégoût des mannequins aux seins mesurés et roses, aux ventres lourds et durs, des mannequins pesés par un soi-disant bon goût, dessinés suivant des recettes apprises dans la copie des plâtres.* **❞**
J.-K. Huysmans,
L'Art moderne, 1883.

❝ *Malgré tout le côté flatteur de l'article de Huysmans, je vois qu'il n'est séduit que par la littérature de ma femme nue et non par le côté peintre.* **❞**
Lettre de Gauguin
à Pissarro, 1883.

Edgar DEGAS
Le Tub, 1886
Pastel sur papier, 60 × 83 cm
Paris, musée d'Orsay

Paul GAUGUIN
Idole à la coquille, 1893
Bois, nacre pour l'auréole,
incrustations d'or pour les dents, 27 cm
Paris, musée d'Orsay

inspirée directement de Degas qui traquait les femmes dans l'intimité de leurs salles de bain et les surprenait, crayon à la main, alors qu'elles se coiffaient ou se séchaient. Degas était le peintre que Gauguin admirait le plus dans le groupe impressionniste au sein duquel il venait de faire son entrée, tant pour le regard qu'il portait sur le monde contemporain que pour l'originalité de ses mises en page.

La composition de l'*Étude de nu* reste très traditionnelle. Seul le sujet évoque Degas. Le sens du réalisme de Gauguin est malgré tout très curieux. Quelle étrange idée que de se dévêtir entièrement pour coudre et que de prétendre le faire le dos tourné à la lumière !

Gauguin a ici choisi un sujet difficile, le nu. La référence à Rembrandt ne se limite pas à la pose du modèle et à son naturalisme. L'artiste a sans doute voulu se placer dans la lignée des maîtres anciens dont les nus couvrent les murs des musées, de Titien à Ingres. Dès ses premiers pas dans l'art, Gauguin se montrait très ambitieux. Mais on sent dans cette œuvre toutes les maladresses d'un peintre qui se cherche encore. Son nu présente des fautes de dessin manifestes dans le traitement de la main droite, du dos et du ventre. Même s'il n'était pas à la recherche de l'idéal, on peut douter que son modèle fût aussi imparfait. Ce tableau a de quoi surprendre par son parti pris réaliste, que d'ailleurs Gauguin abandonnera bientôt pour devenir l'un des principaux représentants du Symbolisme. En partant pour Pont-Aven en 1886, il se sépare du milieu impressionniste, mais c'est sous les Tropiques qu'il donne la pleine mesure de son originalité. Débarrassées de toute référence mythologique, de réalisme, ses femmes nues expriment désormais « l'âme primitive », seule source de vérité pour l'artiste.

Paul GAUGUIN
Et l'or de leurs corps, 1901
Huile sur toile, 67 × 76 cm
Paris, musée d'Orsay

Dans *Suzanne cousant*, une touche visible, rugueuse et courte sert le traitement des matières que Gauguin veut rendre de façon réaliste. Tandis que dans *Et l'or de leurs corps*, la touche s'efface au bénéfice d'aplats colorés qui contribuent à sublimer la forme et l'idée.

Comme le révèlent ces touches, Gauguin est passé d'un réalisme sans concession à un symbolisme qui idéalise la nature.

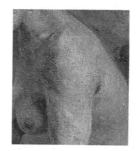 

Claude MONET
Nymphéas bleus, 1900
Huile sur toile, 200 × 200 cm
Paris, musée d'Orsay

Claude Monet
Nymphéas bleus

Les dernières années de sa vie, Monet les passa à Giverny, petit village de l'Eure où il avait acheté une propriété. Amoureux de la nature et des fleurs, il y créa deux jardins où, grâce à ses soins et à ceux de deux jardiniers, les fleurs n'avaient pas le temps de faner. Il y avait un jardin de terre planté d'iris, de rhododendrons, de lauriers..., et un jardin d'eau où s'épanouissaient entre les saules des nénuphars. Ce sont ces bassins qui devinrent le thème central des dernières œuvres de Monet. En 1908, il écrivait à son ami Gustave Geffroy : « Sachez que je suis absorbé par le travail. Ces paysages d'eau et de reflets sont devenus une obsession. C'est au-delà de mes forces de vieillard et je veux cependant arriver à rendre ce que je ressens... » Ce que ressentait Monet, c'était la fusion totale entre l'air, l'eau et la lumière, la dissolution absolue des formes et du dessin au profit de la lumière et de la couleur pure.

Durant vingt-cinq ans, il installa son chevalet devant les bassins de son jardin, cherchant à retenir la lumière d'un instant et à figer sur sa toile ses effets sur les fleurs, l'eau et la verdure. Au commencement de son travail sur les *Nymphéas*, il peint le cadre environnant : les buissons, les arbres et le pont en arc de cercle qui enjambait les bras de la rivière. Ce pont était un souvenir des estampes japonaises qu'il aimait tant et qui, par dizaines, décoraient sa maison. Puis le pont, envahi par les glycines et par d'autres plantes, disparut sous la verdure pour se fondre dans la végétation. Enfin, Monet

Le jardin de Claude Monet à Giverny
Photographie de Clémentel

« *« Si je puis voir un jour le jardin de Claude Monet, je sens bien que j'y verrai, dans un jardin de tons et de couleurs plus encore que de fleurs, un jardin qui doit être moins l'ancien jardin fleuriste qu'un jardin coloriste... »* **»**

M. Proust, « Les Éblouissements,
par la comtesse de Noailles »,
Le Figaro, 15 juin 1907.

CHRISTO
Surrounded Islands, Biscayne Bay,
Greater Miami, Florida, 1980-1983

Tapisserie aux mille-fleurs (détail), XVᵉ siècle
Pays-Bas du Nord, 57 × 194 cm
Paris, musée de Cluny

se concentra sur le trou d'eau, couvert des feuilles et des fleurs de nymphéas, que quelques branches de saules venaient effleurer. Au fur et à mesure que Monet avançait dans son travail, le sujet disparaissait de ses toiles. C'est ce qui arrive dans ces *Nymphéas bleus* : il n'y a pas de ligne d'horizon, pas de perspective. Les couleurs sont intensifiées par la cataracte dont souffrait le peintre. Reflet et réalité se mêlent et l'on comprend que les amis de Monet l'aient souvent décrit comme hypnotisé par ces trous d'eau et de lumière.

Ce tableau, d'un format carré, est particulièrement décoratif et évoque les tapisseries « mille-fleurs » du Moyen Age. L'une des compositions des *Nymphéas* servit d'ailleurs de modèle à la Manufacture nationale des Gobelins. Les formats des tableaux de Monet s'agrandirent au point de pouvoir couvrir des murs entiers, et bientôt l'idée de reconstituer dans une pièce le spectacle de son jardin d'eau s'imposa à l'artiste. Cette idée vit sa réalisation au musée de l'Orangerie auquel Monet, grâce à l'intervention de Clemenceau, légua ses dernières toiles.

Tandis que Monet peignait ses ultimes *Nymphéas*, bien des événements se déroulaient loin du paradis terrestre de Giverny : la Première Guerre mondiale, les révolutions picturales du cubisme, du dadaïsme et de l'abstraction. L'artiste, poursuivant son chemin, ne se trouvait pas totalement coupé de toutes ces métamorphoses de l'art. Ses nymphéas ne constituent-ils pas un prélude à l'abstraction ? Kandinsky eut pour la première fois l'intuition de la vacuité du sujet devant les *Meules* de Monet. Dans les *Meules*, comme dans les *Nymphéas*, le sujet du tableau devient imprécis sous le jeu de la lumière qui dématérialise les formes. Les *Nymphéas bleus*, en se limitant à une couleur presque unique, anticipent l'aboutissement de l'abstraction : le monochrome.

La démarche du peintre à Giverny ressemble également à celle des artistes

du Land Art. Comme ils le feront plus tard en effet, Monet intervient directement sur la nature et sur le paysage. Sa palette, il la détermine lui-même en choisissant la couleur de ses fleurs. Les compositions proviennent, elles, des plantations et des caprices de la nature.

Claude MONET le jour de ses 80 ans peignant ses *Nymphéas* à Giverny, photographie

Contrairement aux touches assez petites et assez serrées que l'on trouve dans les tableaux de jeunesse de Monet (*Terrasse à Sainte-Adresse*) ou de maturité (*Figure en plein air*), on voit dans la série des *Nymphéas* des touches bien différentes. Larges, posées à plat sur la toile, longues, dégoulinantes ou énergiques, elles révèlent que dans ses derniers tableaux, le geste du peintre, installé face à une immense toile, a acquis une liberté totale et jubilatoire.

❝ *On dit qu'il n'y a pas de vraies fleurs bleues. Pourtant... Qui sait, s'il les voyait bleues le grand vieillard là-dedans. On disait que ses yeux étaient malades. Il pouvait devenir aveugle. Terrible à penser. Un homme dont toute la vie était dans les yeux. Il avait quatre-vingts ans passés. S'il devenait aveugle...* **❞**
L. Aragon, *Aurélien*, 1944.

Biographies

Les légendes correspondant aux portraits
sont indiquées en bas de page par un point ●

Frédéric Bazille

Montpellier, 1841 — Beaune-la-Rolande, 1870

Né dans une riche famille bourgeoise et protestante de Montpellier, il vit dans le cercle d'Alfred Bruyas, un collectionneur amateur de Delacroix et de Courbet.

Après avoir entrepris des études de médecine dans sa ville natale, il s'installe à Paris en 1862 et se consacre exclusivement à la peinture. Il fréquente l'atelier de Gleyre où il se lie avec Monet, Renoir et Sisley.

Il rencontre Cézanne qui lui présente à son tour Pissarro. C'est par son intermédiaire que les impressionnistes de l'atelier Gleyre et de l'Académie Suisse se rejoignent.

Jouissant d'une pension assez confortable versée par ses parents, il joue le rôle de mécène auprès de ses amis moins fortunés. Il héberge Renoir et Monet dans ses différents ateliers et achète à ce dernier son tableau *Femmes au jardin* pour la somme très importante pour l'époque de 2 500 francs.

Lassé des refus successifs de ses œuvres et de celles de ses amis au Salon, il formule le premier le projet d'une exposition indépendante en 1870.

Engagé volontaire pendant la guerre de 1870, Bazille se fait tuer au combat.

Il laisse derrière lui un œuvre plein de promesses, largement influencé par l'art de Courbet et par celui de Monet.

Frédéric BAZILLE, *Autoportrait*, pierre noire, 24,1 × 34,5 cm, Paris, musée du Louvre, cabinet des Dessins

Auguste RENOIR, *Portrait de Frédéric Bazille*, 1867, huile sur toile, 105 × 70 cm, Paris, musée d'Orsay

● Frédéric Bazille (1841-1870), photographie

Eugène Boudin

Honfleur, 1824 — Deauville, 1898

Claude MONET, *Eugène Boudin dessinant*, fusain, Honfleur, musée Boudin

Fils d'un maître d'équipage sur un steamer, Boudin fut mousse pendant sa jeunesse, puis travailla chez un imprimeur-éditeur du Havre. Il ouvre ensuite une boutique de papetier-encadreur où il expose les œuvres d'artistes de passage sur la côte normande : Troyon, Couture, Isabey.

Tous l'invitent à devenir peintre. C'est Millet qui l'initie véritablement à la peinture en 1845.

Il fait un premier séjour à Paris en 1847, suivi d'un second de trois ans en 1850, financé par la municipalité du Havre. Monet d'ailleurs tentera en vain d'obtenir cette bourse précédemment accordée à Boudin.

De retour au Havre, il peint des marines. En 1859, elles sont remarquées par Baudelaire et Courbet.

Après des années difficiles, ses vues des plages de Trouville et de Deauville commencent à connaître le succès vers 1863.

Vers 1855, Boudin découvre les dessins de Monet affichés dans son ancienne boutique. Il invite le jeune homme, peu enthousiaste au début, à venir travailler avec lui. Bientôt Monet put dire que s'il était devenu peintre, c'était grâce à Boudin.

Il est le seul « précurseur » de l'impressionnisme à participer à l'exposition de 1874, faisant ainsi le lien entre l'ancienne et la nouvelle génération. Les années suivantes, il préféra retourner au Salon.

Pendant toute sa carrière, Boudin fit de fréquents séjours à Paris où il retrouvait ses amis de l'École de Barbizon. Il alla également souvent en Bretagne. En 1884, il se retire dans la maison qu'il s'est fait construire à Deauville, sans négliger de toujours montrer ses œuvres à Paris.

Eugène Boudin peignant, photographie de 1896, portant la dédicace « A Georges Sporock — E. Boudin — juin 1896 »

● Eugène Boudin, détail d'une photographie de juin 1896

Gustave Caillebotte

Paris, 1848 — Gennevilliers, 1894

Gustave Caillebotte (à droite) et ses amis en tenue de canotage, vers 1878 (?), photographie

Caillebotte est né à Paris en 1848. Ses parents, de riches bourgeois, lui épargnent tout tracas financier.

En 1870, il obtient sa licence en droit.

Après la guerre et un voyage en Italie, il se consacre à la peinture et travaille dans l'atelier de Léon Bonnat.

En 1873, son père meurt et lui laisse une confortable fortune. Il est reçu cette année-là à l'École des Beaux-Arts. L'année de la première exposition impressionniste (1874), son tableau est re-fusé au Salon officiel. Il se rallie alors au groupe des impressionnistes dont il connaît l'un des principaux membres, Degas, depuis 1871.

En 1876, Caillebotte expose pour la première fois avec ses amis. Il consacre à leur soutien une grande part de son temps et de son argent.

Il fait tout pour organiser de nouvelles manifestations quand ses amis, découragés, renoncent peu à peu à leurs expositions indépendantes. Il achète de nombreuses œuvres.

Dès 1877, Caillebotte rédige son testament : il lègue la totalité de sa collection impressionniste à l'État français à la condition que les œuvres rejoignent les cimaises du Louvre.

A sa mort, en 1894, éclate « l'affaire Caillebotte ». Les tenants de l'Académie s'insurgent à l'idée que la peinture impressionniste puisse prendre le chemin du Louvre. L'État ne veut accepter qu'une partie des 67 tableaux de Caillebotte. Renoir, exécuteur testamentaire, doit faire un choix. 20 œuvres sont éliminées. Les 47 autres constituent le premier noyau des collections impressionnistes du musée d'Orsay.

Caillebotte, qui cessa pratiquement de peindre vers 1886, fut longtemps mieux connu en tant qu'ami et mécène des impressionnistes qu'en tant que peintre. Depuis quelques années il a repris sa place de peintre au sein du groupe.

Gustave Caillebotte dans son jardin du Petit-Gennevilliers, vers 1890, photographie

● Gustave CAILLEBOTTE, *Autoportrait*, vers 1889, huile sur toile, 40,5 × 32,5 cm, Paris, musée d'Orsay

Paul Cézanne

Aix-en-Provence, 1839-1906

Cézanne passa sa jeunesse à Aix-en-Provence. Son meilleur ami était Émile Zola avec qui il courait la campagne rêvant de gloire artistique.

L'atelier de Cézanne à Aix-en-Provence, photographie

En 1862, Cézanne obtient de son père l'autorisation de rejoindre Zola à Paris pour y étudier la peinture. Il s'inscrit à l'Académie Suisse et rencontre Pissarro, puis Bazille, Monet, Renoir et Sisley. De 1863 à 1870, Cézanne réalise des peintures sombres, d'inspiration dramatique, qui lui valent des échecs retentissants au Salon.

Après la guerre de 1870, durant laquelle il s'est réfugié à l'Estaque près de Marseille, Cézanne change peu à peu sa manière de peindre.

C'est surtout durant son séjour à Pontoise, auprès de Pissarro, puis à Auvers, qu'il adopte définitivement une palette claire et abandonne presque complètement ses sujets d'inspiration romantique.

En 1874, il se joint aux impressionnistes et expose avec eux. Ses tableaux sont les plus vivement attaqués. Beaucoup doutent de ses talents de peintre, jusqu'à Zola qui le décrira dans son roman *L'Œuvre* comme un peintre raté. Renoir et Pissarro sont, en revanche, convaincus de son génie.

Sûr de la force et de l'originalité de sa vision, dégagé grâce à la fortune de son père, de la nécessité de vendre ses œuvres, blessé de l'incompréhension générale, Cézanne renonce à exposer en 1882 et se retire à Aix. Durant sa retraite aixoise, entrecoupée de quelques séjours à Paris, Cézanne travaille en solitaire. Il est presque oublié quand le marchand Vollard lui consacre une exposition personnelle en 1895. C'est une révélation pour les jeunes artistes qui reconnaissent en lui leur maître.

La rétrospective du Salon d'Automne de 1904 confirme son rôle de fondateur de l'art moderne.

Couverture du catalogue de l'Exposition Cézanne chez Ambroise Vollard en 1898

● Paul CÉZANNE, *Autoportrait*, 1865-1866, huile sur toile, 45 × 41 cm, Paris, collection particulière

Edgar Degas

Paris, 1834-1917

Degas est issu d'une famille nombreuse et cosmopolite de riches banquiers. Il passe sa jeunesse dans un climat culturel et artistique très favorable à sa vocation de peintre.

Autoportrait, hommage à « L'Apothéose d'Homère » d'Ingres, 1885, la prise de vue et le tirage sont de Barnes, mais la mise en scène est de Degas

Après avoir ébauché des études en droit, il s'inscrit, en 1854, dans l'atelier de Lamothe, un élève d'Ingres. En 1855, il fait un bref passage à l'École des Beaux-Arts. Il s'y lie avec Léon Bonnat, Élie Delaunay, Gustave Moreau qui resteront ses amis

malgré leurs divergences artistiques. Passionné de peinture ancienne, il copie longuement au Louvre et fait de fréquents séjours en Italie. Jusqu'à 1870, Degas expose régulièrement des portraits au Salon.

Pendant la guerre de 1870, il contracte une maladie des yeux qui l'empêchera de peindre en plein air et le conduira à la cécité à la fin de sa vie.

Après la guerre, il fréquente plus assidûment le Café Guerbois, où il apparaît avec Manet comme le chef de file d'une nouvelle école.

En 1874, il participe à la première exposition impressionniste. Conscient de tout ce qui distingue son art de celui de ses camarades, il refuse énergiquement le terme d'impressionniste. De tous les sécessionnistes, Degas est le plus radical, refusant jusqu'au bout d'exposer au Salon, rejetant tous les honneurs.

Champs de course, cabarets, cafés, opéra, boutiques, appartements privés etc., Degas exploi-

tera avec la peinture, la gravure, le pastel, la sculpture, tous les thèmes modernes.

Edgar Degas et sa gouvernante Zoé, vers 1900, photographie prise par Degas

Son caractère irascible, son esprit caustique et surtout son antisémitisme qui éclate pendant l'affaire Dreyfus, l'isolent de ses amis impressionnistes. Degas finit sa vie aveugle, très solitaire.

Sa collection impressionniste atteste de l'estime et de l'admiration qu'il porta à ses compagnons de lutte.

● Edgar Degas, autoportrait photographique

Paul Gauguin

Paris, 1848 — Atuana (Iles Marquises), 1903

Petit-fils de Flora Tristan, descendant, selon lui, du dernier roi des Aztèques, Gauguin cultiva son image de sauvage qui, après avoir goûté les plaisirs de l'aisance matérielle, apprendra à être pauvre et fuira la civilisation.

De 1865 à 1872, Gauguin est marin et parcourt les océans. En 1872, il devient grâce à son tuteur Arosa, agent de change. Favorisé par la fortune, il achète

Paul Gauguin avec ses deux enfants Émile et Aline pendant son séjour à Copenhague vers 1884, photographie

comme son oncle des tableaux impressionnistes, de Pissarro notamment. Il devient peintre du dimanche.

En 1879, invité par Degas, il participe à la quatrième exposition impressionniste.

Après avoir hésité entre la bourse et la peinture, il choisit la peinture. La crise boursière de 1882 précipite sa décision.

En 1885, il rompt avec l'impressionnisme qu'il trouve « bas de plafond » et rédige ses *Notes synthétiques*. Ses idées prendront forme lors de son premier séjour à Pont-Aven, en 1886, avec le jeune Émile Bernard.

Devenu dramatiquement pauvre, ayant perdu sa femme et ses enfants qui se sont installés au Danemark, Gauguin échafaude un nombre incalculable de projets pour gagner de l'argent et partir vivre au loin.

En 1887, il fait un tragique voyage à Panama. En 1888, il est à Arles avec Van Gogh. De 1891 à 1893, il séjourne pour la première fois à Tahiti. Il y retourne en 1895. En 1901, il s'installe aux îles Marquises.

Usé par la misère, ébranlé par une tentative de suicide, exaspéré par l'administration locale

Émile BERNARD, *Un cauchemar du synthétisme, portrait de Paul Gauguin, Émile Bernard, Émile Schuffenecker*, 1888, crayon, Paris, musée du Louvre, cabinet des Dessins

à laquelle il s'oppose, Gauguin peint néanmoins beaucoup. Par ses peintures, ses sculptures, ses gravures et ses écrits, il tente de faire connaître les mœurs du peuple qui l'a accueilli.

Malgré les distances, les tableaux de Gauguin sont connus du public parisien grâce aux expositions organisées par Vollard (1898 et 1903). Son œuvre fait l'admiration des fauves et de Picasso.

● Paul GAUGUIN, *Autoportrait*, 1897, huile sur toile, 39 × 35 cm, Paris, musée d'Orsay

Édouard Manet

Paris, 1832-1883

Épris d'aventure, le jeune Manet préféra s'engager dans la marine plutôt que de faire des études de droit selon le vœu de son père. A son retour, sa famille consent à sa vocation artistique.

Edgar DEGAS, *Manet assis*, dessin, vers 1864, New York, Metropolitan Museum

En 1850, Manet entre dans l'atelier de Couture. Malgré de nombreuses querelles avec son maître, il y reste six ans.

En 1863, il présente au Salon *Le Déjeuner sur l'herbe*. Le tableau, rejeté par le jury, est alors exposé au Salon des Refusés exceptionnellement ouvert cette année-là. Il y fait scandale. Les violentes attaques de la critique reprennent de plus belle au Salon de 1865 où Manet montre *Olympia*.

Lors de l'Exposition universelle de 1867, Manet organise une exposition personnelle de ses œuvres. Cette initiative inspirera les futurs impressionnistes qu'il commence à fréquenter au Café Guerbois. Malgré un vif intérêt pour leur lutte contre l'Académie et pour leur engagement dans la voie du réalisme, il refusera toujours d'exposer à leurs côtés. Il préfère s'imposer au Salon et craint d'être associé à certains membres trop révolutionnaires du groupe comme Cézanne.

En 1873, *Le Bon Bock* obtient un certain succès au Salon, bien vite compromis par l'exposition impressionniste dont on le tient pour responsable en partie. Il passe l'été de 1874 auprès de Monet et soutient la troisième exposition du groupe.

Alfred LE PETIT, *Manet, roi des Impressionnistes*, caricature parue dans *Les Contemporains*

En 1881, déjà malade, il a la satisfaction de recevoir la Légion d'honneur des mains d'Antonin Proust, son meilleur ami, éphémère ministre des Beaux-Arts. Manet, qui souffrit toute sa vie d'être considéré comme un farceur ou un révolutionnaire, mourut en maudissant Cabanel, le peintre académique qui reçut les lauriers auxquels il aspirait.

● Édouard Manet, photographie.

Claude Monet

Paris, 1840 — Giverny, 1926

Monet est né à Paris, mais il passe sa jeunesse au Havre. Il s'y fait connaître par des caricatures.

Boudin et Jongkind sont ses premiers maîtres. Ils l'initient à la peinture de plein air et à l'étude des effets atmosphériques.

En 1862, il vient étudier à Paris. Après un bref passage à l'Académie Suisse où il croise Pissarro, il fréquente l'atelier de Gleyre. Il s'y lie avec Bazille, Renoir, Sisley. L'atelier ferme en 1864. Monet entraîne alors ses amis à peindre avec lui dans la forêt de Fontainebleau ou sur la côte normande.

Pendant la guerre de 1870, il se réfugie à Londres avec Pissarro, où il découvre l'art de Turner. Il fait connaissance avec Paul Durand-Ruel qui sera son premier marchand.

De 1872 à 1878, Monet vit à Argenteuil où s'épanouit sa première interprétation de l'impressionnisme.

En 1874, il expose avec ses amis chez Nadar. Son tableau *Impression, Soleil levant* donne son nom au groupe des « Intransigeants » qui deviennent les « Impressionnistes ». Soucieux de son indépendance et de sa renommée, Monet renonce à exposer avec ses amis et se représente au Salon à partir de 1880.

Édouard MANET, *Claude Monet vers 1874*, lavis d'encre de Chine, 17 × 13,5 cm, Paris, musée Marmottan

Après avoir vécu de 1878 à 1883 à Vétheuil, il s'installe à Giverny. Là, il entreprend ses séries de meules, de peupliers, de cathédrales et de nymphéas qui traduisent, au fil des toiles, les moindres variations de l'atmosphère.

Sa demeure et ses jardins de Giverny offrent aujourd'hui encore un témoignage vivant de ce que furent sa peinture et ses goûts.

Claude Monet peignant ses *Nymphéas*, dans son atelier de Giverny, photographie

● Claude Monet dans son jardin à Giverny vers 1915, photographié par Sacha Guitry

Berthe Morisot

Bourges, 1841 — Paris, 1895

L'atelier-salon de Berthe Morisot, au rez-de-chaussée de la rue de Villejust, dans son état actuel. Au mur, le portrait de l'artiste par Édouard Manet

Très tôt Berthe Morisot cultiva son talent pour la peinture en compagnie de sa sœur Edma. Elle s'intéressa d'abord au paysage. Corot lui conseilla de peindre en plein air.

En 1868, elle fait la connaissance de Manet au Louvre alors qu'elle copiait un tableau. Manet, dont elle fut sans doute amoureuse, eut une grande influence sur son art. Elle fut pendant quelque temps son modèle préféré, dans *Le Balcon* notamment. Sa sœur Edma se maria en 1869. Berthe poursuivit seule sa carrière.

En 1874, elle épouse le frère de Manet, Eugène. Degas l'invite à participer à l'exposition impressionniste. Elle accepte malgré l'avis défavorable de Manet et bien qu'elle ait été toujours reçue au Salon.

Sa condition de femme, son mariage, la naissance de sa fille Julie en 1878, qui deviendra le thème central de ses tableaux, conduisirent Berthe à mener sa carrière dans la plus grande discrétion. Son œuvre ne fut connue que confidentiellement. Elle resta, néanmoins, solidaire de toutes les initiatives de ses amis impressionnistes.

Elle participa, avec son mari, à l'organisation de quelques-unes de leurs expositions et fut, par sa gentillesse et son intelligence, l'un des seuls points d'attache du groupe qui se disloqua irrémédiablement dans les années 1880. Degas, Monet, Renoir ne manquaient aucun de ses dîners.

La mort de Manet en 1883, suivie de celle de son époux en 1892, l'affectèrent terriblement.

A l'annonce de son décès, Renoir, qui se trouvait à Aix-en-Provence, quitta tout brusquement pour se rendre à son enterrement.

Berthe Morisot, son mari Eugène Manet et leur fille Julie à deux ans, dans le jardin de Bougival, photographie

● Édouard MANET, *Berthe Morisot au bouquet de violettes*, 1872, huile sur toile, 55 × 38 cm, Paris, collection particulière

Camille Pissarro

Saint-Thomas (Antilles danoises), 1830 — Paris, 1903

Originaire des Antilles danoises, Pissarro arrive à Paris en 1855. Il subit alors nettement l'influence de Corot.

En 1858, il fréquente l'Académie Suisse. Il y croise brièvement Monet et fait, en 1861, la connaissance de Cézanne, qui lui

Camille Pissarro peignant dans un verger à Éragny-sur-Epte, entouré de Julie, Paul-Émile et Jeanne (Cocotte), photographie

présente Zola ; ce dernier lui consacre des lignes louangeuses dans ses comptes rendus de Salon. Il rencontre également Renoir et Sisley.

Lorsque la guerre éclate en 1870, il a déjà quarante ans et une longue carrière derrière lui. En se réfugiant à Londres où il retrouve Monet, il découvre l'art de Constable et de Turner, et s'achemine vers l'impressionnisme.

En 1872, il s'installe à Pontoise où Cézanne vient le rejoindre. Il prend une part très active à l'organisation de la première exposition impressionniste. Pissarro fut le seul à participer aux huit expositions du groupe. Son âge, sa patience, sa simplicité en firent un arbitre. Ses talents de pédagogue contribuèrent beaucoup à sa renommée : il guida Cézanne, Gauguin, Signac, Picabia, mais aussi ses fils qui devinrent tous peintres.

Soucieux de faire progresser son art, ce qui explique peut-être son succès auprès des peintres les plus modernes, Pissarro n'hésite pas à tenter de nouvelles expériences picturales. Il subit l'influence de Cézanne et, en 1886, se joint au mouvement néo-impressionniste où il

Camille Pissarro dans son atelier à Éragny-sur-Epte, photographie

retrouve nombre d'anarchistes dont il partage les convictions.

Pissarro attendit très longtemps le succès qui arriva seulement vers 1892, alors que Monet, Renoir et Degas, plus jeunes, vivaient confortablement de leur art.

Pissarro, connu surtout comme peintre de la campagne, peignit aussi d'importants paysages citadins. Il fut également un excellent graveur.

● Camille PISSARRO, *Autoportrait*, 1873, huile sur toile, 56 × 46,7 cm, Paris, musée d'Orsay

Auguste Renoir

Limoges, 1841 - Cagnes-sur-mer, 1919

Le père de Renoir, originaire de Limoges, était tailleur à Paris. Il orienta son fils, doué pour le dessin, vers la décoration sur porcelaine. De ses années de décorateur, Renoir conserva toute sa vie un goût prononcé pour l'art du XVIIIe siècle.

Auguste Renoir, sa femme Aline et « Coco » en 1912, photographie

En 1862, il est admis à l'École des Beaux-Arts et entre dans l'atelier de Gleyre où il retrouve Bazille, Monet et Sisley.

En 1864, il suit Monet dans la forêt de Fontainebleau et commence à exposer au Salon des œuvres inspirées de Delacroix et de Courbet.

Son séjour à Bougival, en 1869, où il peint aux côtés de Monet les bains de la Grenouillère, est fondamental pour l'élaboration de l'impressionnisme.

En 1874, il est élu président de la « Société coopérative anonyme des peintres... » et expose à sa première manifestation. Ses tableaux échappent aux critiques les plus malveillantes. Son talent de portraitiste l'introduit dans les milieux de la haute bourgeoisie éclairée où il connaît rapidement le succès.

En 1879, il renoue avec le Salon où il est bien accueilli.

Son voyage en Italie, en 1881-1882, l'invite à remettre en cause sa facture impressionniste. Séduit par les œuvres de Raphaël et par les peintures de Pompeï, il s'intéresse au dessin. Il entame sa période ingresque.

En 1890, il se marie avec Aline Charigot qui partage sa vie

Auguste Renoir devant la villa de la Poste à Cagnes-sur-Mer, en 1903, photographie

depuis quelques années et l'entoure de la chaleur et de la joie nécessaires à son art.

Vers 1892, il renonce à son style ingresque et multiplie les portraits et les nus.

Installé à Cagnes en 1902, il modèle de ses doigts douloureux et lourds les femmes qu'il a toujours peintes. Des pinceaux attachés aux mains, il peint jusqu'à la fin de sa vie dans un bonheur total.

● Frédéric BAZILLE, *Portrait d'Auguste Renoir*, 1867, huile sur toile, 62 × 51 cm, Alger, musée national des Beaux-Arts

Alfred Sisley

Paris, 1839 — Moret-sur-Loing, 1899

La famille de Sisley était d'origine anglaise, et malgré son désir de se faire naturaliser français, il n'y parvint jamais. Son père, négociant, lui assura l'aisance matérielle.

La maison d'Alfred Sisley à Moret (Seine-et-Marne), photographie

A dix-huit ans, Sisley est envoyé à Londres par son père qui veut le voir entrer dans les affaires. Le jeune homme préfère visiter les musées où les Constable et les Turner l'enchantent. Il semble qu'il ait séjourné dès 1861 à Barbizon.

En 1862, Sisley entre dans l'atelier de Gleyre. Il travaille pendant les vacances à Fontainebleau avec Bazille, Monet, Renoir. Comme Bazille, il aide Renoir en l'invitant à partager son atelier.

En 1866, il s'installe avec Eugénie Lescouezec, un jeune modèle qui lui donna un fils l'année suivante.

La guerre de 1870 est catastrophique pour Sisley. Son père, ruiné, meurt. Sisley devra désormais subvenir aux besoins de sa famille avec sa peinture. Cette épreuve, à laquelle il n'était pas préparé, lui sera toujours pénible.

Ses tableaux ne rencontrèrent de son vivant que de modestes succès. L'intérêt du public ne se manifesta qu'après sa mort.

En 1894, alors que l'artiste souffre de paralysie faciale, le critique Geffroy lui rend visite et remarque tristement : « Il semblait pressentir que jamais de son vivant un rayon de gloire ne viendrait briller sur son art ». Excepté quelques séjours en Angleterre, Sisley se montre très attaché à l'Ile-de-France. Il vécut successivement à Marly-le-Roi, Sèvres, Moret, sites qui servent à classer son œuvre qui n'évolua que très peu.

Sisley participa aux expositions impressionnistes ; cependant, comme Renoir et Monet, il tenta sa chance au Salon.

Alfred SISLEY, *Le Moulin de Provencher à Moret*, 1883, crayon, 12 × 19 cm, Paris, musée du Louvre, cabinet des Dessins

● Alfred Sisley, photographie de l'artiste

Crédits photographiques

Artephot-Held, 48h ; Artephot-Nimatallah, 25 ; Artephot-Trela, 95h ; Artephot-Varga, 72b
Christo, 80h
Documents Archives Durand-Ruel, 13h, 14h
D.R., 9b, 10m, 10b, 11m, 12b, 13m, 13b, 14b, 26b, 34h, 48b, 86d, 86g, 88g, 88d, 90g, 92g, 92d, 93g, 94g
Giraudon : BL-Giraudon, 35, 54h, 54b ; Bridgeman-Giraudon, 50h, 61h ; Lauros-Giraudon, 28, 31h, 37b, 69h, 70, 72h, 73h
Josse, 32, 58b
Musée départemental du Prieuré, Saint-Germain-en-Laye, 89g
Musée Eugène Boudin, Honfleur, cliché Lécluse, 85h, 85g, 85d
Musée Fabre, Montpellier, 26h
NY Carlsberg Glyptothek, Copenhague, 74
Réunion des musées nationaux, 12m, 15, 20, 21, 22b, 23h, 24, 29, 30, 34b, 36, 37h, 38, 39, 40h, 40b, 41, 42, 43, 44h, 44m, 46, 47, 49, 51, 55h, 56, 58h, 59, 60, 62, 63, 64, 67, 68h, 68b, 71, 75, 77h, 79, 80b, 84d, 84g, 86h, 89d, 93, 95d
Roger-Viollet, 10h, 12h, 81h, 84h, 87g, 90h, 91h, 91g, 92h, 93d, 94h, 94d, 95g
Scala, Florence, 45
Scala, Paris, 9h, 11h, 11b, 22h, 27, 33, 44b, 50b, 52, 53, 57, 66, 76h, 76b, 78, 87h, 87d, 88h, 89h, 90d, 91d
The Art Institute of Chicago, 65

Imprimé par Graphicom, Italie
Composé par Charente Photogravure
Photogravure : France Photogravure
Dépôt légal: août 1990